Der Franke ist, was er frisst

*Gewidmet meinen lieben Eltern,
deren Metzgerhandwerk bei mir
schon in frühen Jahren den Gaumen
für die gute, gestandene fränkische
Hausmannskost sensibilisierte.*

Der Franke ist, was er frisst

Kochgschichtli aus Meefrangge

von Wolfgang Mainka

echter

Bibliografische Information der Deutschen Nationalbibliothek
Die Deutsche Nationalbibliothek verzeichnet diese Publikation in der
Deutschen Nationalbibliografie; detaillierte bibliografische Daten sind
im Internet über http://dnb.d-nb.de abrufbar.

1. Auflage 2018
© 2018 Echter Verlag GmbH, Würzburg
www.echter.de

Covergestaltung: Vogelsang Design, Jens Vogelsang, Aachen
Coverbild: gemalt von Simone Mainka
Layout Innenteil: satzgrafik Susanne Dalley, Aachen
Bilder Innenteil: Fotos ©Wolfgang Mainka,
Illustrationen ©Vector Tradition / Shutterstock.com,
Rezepthinterlegung ©Andrey Kuzmin / Shutterstock.com,
Kleckse ©Gabrielle Ewart / Shutterstock.com
Druck und Bindung: Buch. Bücher Theiss GmbH,
A-9431 St. Stefan im Lavantal

ISBN 978-3-429-04497-8

Inhalt

- 7   Vorwort oder Vorspeis'
- 15   Die Stehbrunzer vom Würzburger Markt
- 24   Kartoffelsuppe oder Ebieresupp'
  Schwupp-di-wupp, Kartoffelsupp'
- 28   Mostsuppe – Wein einmal anders
  Wein und Brot gibt auch eine Suppe.
- 34   Blaue Zipfel – Gesottene Bratwürste
  Die Bratwurst sucht man nicht im Hundestall.
- 40   Kartoffelsalat oder Krumbieresalat
  Dem Franken sei „Tarufolo"
- 44   Kärrnerbraten aus Würzburg
  *Vor dem Essen hängt man's Maul,
  nach dem Essen ist man faul.*
- 52   Hochzeitsessen – Rindfleisch & Meerrettich
  *Ist die Braut nicht reich,
  so hat sie doch ihr Mütterliches.*

63 Schlachtschüssel – Grobe Leberwurst
*Das Herz einer Sau, der Magen einer Sau,
der Inhalt einer Worscht, bleibt ewich unerforscht.*

74 Sauerkraut oder Surekrut
Sauer macht lustig.

79 Schnickerli – Innereien
Iss, was du magst und leide, was du musst.

86 Meefischli, Karpfen und ihre Kumpels
*Der Fisch will dreimal schwimmen,
im Wasser, im Schmalz und im Wein.*

101 Weinschaumsoße mit Frankenwein
*Den Wein für die Leute,
das Wasser für die Gäns*

104 Apfelküchle und Öpfelmouschd
Schöne Äpfel sind auch wohl sauer.

111 Karthäuserklöß' – Was Süaß
*Aus einem verzagtem Arsch
fährt kein fröhlicher Pfurz.*

*„Bist du auf's Ergründen
der fränkischen Seele versessen,
musst du mit Franken
fränkisch trinken und essen!"*

Vorwort
oder Vorspeis'

Dieses Büchlein ist ein Lesebüchlein über die fränkische Küche. Es unterscheidet sich von den Kochbüchern und Feinschmeckeranleitungen in Hochglanzformaten grundsätzlich darin, dass man dadurch weder zum Nachkochen angeregt wird, was bei den meisten Kochbüchern und Kochshows auch nicht der Fall ist, noch ein schönes Bilderbüchlein mit Food-designten Bildern zum Anschauen vorfindet.

Nein, dieses Büchlein soll Appetit machen, besser noch Hunger machen oder wie der Franke sagt *„der Ranze soll knurr!"*.

Es soll verführen die Gaststätten und Landgasthöfe aufzusuchen, die noch nach alten fränkischen Rezepten kochen. Ja, die gibt es wirklich noch!

Dieses Büchlein eignet sich ebenso gut zu nachlesen, was man auf den Tellern hatte, als auch dazu, wenn man einmal gar nichts über das Essen erfahren möchte, sondern die Seele des Frankens darin zu finden meint.

Noch eine Warnung vorweg! Das Wort *„low fat"* gibt es weder im fränkischen, noch liegen die Wurzeln desselben in der fränkischen Küche daselbst. Wenn keine Butter, keine Sahne oder Schmalz im Essen ist kennt der Franke nur ein gnadenloses Urteil: *„Des schmeckt wie eingeschlafene Füß'!"*

Deshalb Hände weg von diesem Büchlein, wenn
- ~ Sie leichte Kost bevorzugen,
- ~ Sie abnehmen möchten,
- ~ Sie übersichtliches Essen auf den Tellern lieben,
- ~ Sie Kalorien zählen müssen
  oder nach dem Essen keinen Schnaps mögen,
  denn der muss sein zur Verdauung.

Sie haben nachgedacht und sich entschlossen weiter zu lesen? Schön, dann fangen wir gleich mit den Geheimnissen des fränkischen Essens an. Wie der Titel des Buches *„Der Franke ist, was er frisst"* bereits andeutet lässt sich das Wesen der Fränkin oder dessen männlichen Gegenparts im Essen erahnen, vielleicht sogar erschließen. Da ist zum Beispiel der Karpfen, bevorzugt aus den Aischgründen, der Lieblingsfisch der Franken. Er gründelt im modrigen Schlamm des Teiches, gründelt behäbig und grübelt dabei. Es ist bekannt, dass der Franke ein heiteres Gemüt hat und viel Sinn für Humor – er lebt es allerdings sehr nach innen! Er behauptet von sich stets gut gelaunt zu sein, man darf ihn nur nicht ansprechen.

Hat man sich als Fremder erst einmal von diesem Gemüt nicht abschrecken lassen und beharrlich mit dem fränkischen Tischnachbarn mehrere Gläser Silvaner getrunken, so ändert sich das Gemüt der Frankens zusehends. Nach dem zweiten Schoppen erfährt man von ihm einiges über das Frankenländle, nach dem dritten alles über Krankheiten, nach dem vierten Schoppen einiges über dessen fränkische Verwandtschaft und nach dem fünften Schoppen ist man *„zusammen zur Schul' gegangen, wenn nicht sogar verwandt miteinander"*! Es lohnt sich immer an einem Tisch sich zu setzen, wo ein Franke vor sich hingrübelt, auch wenn die Wirtschaft noch viele freie Plätze hat, die auf einen warten.

Der Franke liebt es beim Essen barock. Der Teller muss voll sein von Fleisch, *Soß' und Gemüs'.* Der Tisch muss sich biegen vom Essen und Zutaten. Mehrere Sorten Fleisch müssen auf den Platten liegen – Schäufele, Rinderbraten und Schweinebraten verbreiten einen verlockenden Bratenduft, Gäns' und Hühner müssen knusprig glänzen, Klöß' dampfen zur Pyramide gestapelt auf dem Teller und glänzen sonnengleich, in den Schüsseln verführen Wirsinggemüse, Apfelrotkraut und Sauerkraut in hellgrüner, rotblauer und gelber Farbenpracht.

Gedämpft wird dieses barocke Festmahl nur durch die fränkische Philosophie: *„Es muss gut sein, darf aber nichts kost'!"* Womit wir an einem wesentlichen Punkt des fränkischen Charakters ankommen. Bedingt durch die schwäbische Nachbarschaft hat der Franke dessen Sparsamkeit übernommen und ausgebaut – zum Geiz.

Ein Beispiel: das fränkische Nationalgericht Bratwurscht mit Kraut. Das kann noch so gut sein, wenn es mehr als € 7,50 kostet ist es teuer, darunter – prima, auch wenn es nach nix schmeckt. Kostet es mehr als € 10,00, dann spinnt der Wirt! Also wirft der Franke beim Wirtshausbesuch zuerst einen Blick in die Karte zur Bratwurst mit Kraut. Bestellt er dann sein Essen, ist der Preis in Ordnung und die Wirtschaft gut. Bestellt er sich nur ein Glas Frankenwein, war's das – *da geh mer nimmer hi, des kannst ja nit bezahl!*

Zu guter Letzt kommt das Urteil über das Essen. Eins vorweg – der Franke kennt kein Lob. Fragt die Kellnerin beim Abräumen. *„Hat's geschmeckt?"* Kommt in der Regel ein Silvaner-trockenes *„Danke"*. Nach der Devise: *„Nit gemeckert ist a gelobt!"* überschüttet der satte Franke durch stille Anteilnahme die Wirtschaft mit Lob. Die Kellnerin überbringt die frohe Kunde dann der Küche mit den Worten: *„Des Schäufele wird gern gesse und arch gelobt!"*

Kommen wir nun zur Geschichte der fränkischen Küche. Es wird Sie überraschen, dass sie zu den ältesten, wenn nicht sogar der ältesten bekannten Küche in deutschen Landen überhaupt zählt. Das älteste bekannte Kochbuch kommt aus Würzburg – die Würzburger Pergamenthandschrift aus dem 14. Jahrhundert.

Die darin benannten Gerichte haben sich in ihrer Substanz und Zusammensetzung bis heute erhalten und charakterisieren die fränkische Küche. Rindfleischsuppe mit Kräutern und Flädle-Nudeln, Hechtklößchen in gelber Würzsoße, würzig marinierte Rehkeule oder überkrusteter Wildschweinrücken mit Weinbeeren, gefüllte Wachtel im Eierteig oder gefüllte Gans mit Blaukraut, gebratene Spanferkelkeule mit knuspriger Semmeltorte, Maultaschen und königliche Schlachtplatte und zu guter letzt gefüllte Eierkuchen mit Preiselbeersauce oder arme Ritter, bekannt als *Karthäuser Klöß*.

Kein Wunder, dass die fränkische Küche eine der besten und vielseitigsten ist, hat sie doch alles, was man dazu benötigt. Wild in Hülle und Fülle im Spessart – Hase, Reh, Wildschwein oder Hirsch kommen von dort wie auch Pilze und Beeren. Nur die Spessarträuber sind ungenießbar.

Der Main hat dank der Kläranlagen wieder beste Qualität, sodass sich Waller, Hecht, Zander und Aal sich wieder wohl finden darin. Ebenso die kleinen „*Meefischli*" eine Spezialität in Fingergröße.

Dank Penizillin kommt von den Bauernhöfen auch bestes Schweine- und Rindfleisch, sowie Gänse und Hühner.

Diese Vielfalt wird noch durch die sinnlichste aller legalen Drogen ergänzt, dem Frankenwein. Dieser ist nicht nur ein berauschender Begleiter des fränkischen Essens, sondern auch die Grundlage vieler Küchenrezepte. Wahrscheinlich hat die schlechte Qualität der Wassers, viel Kalk und zu wenig Jod im Wasser, dazu geführt, dass er ein Standbein der fränkischen Küche wurde. Ob „*Säure Zipfel*", Mostsuppe oder *Apfelküchli* in Weinsoße, um nur einige zu nennen, lieben einen kräftigen Schluck des fränkischen Bacchus.

Abschließend möchte ich mich auch noch in persona bekannt machen. Als Würzburger mit oberschlesischer Abstammung, Sohn eines Fleischermeisters, Rechtsanwalt und Würzburger Nachtwächter, sowie privater Küchenmeister einer fränkischen und sehr kritischen Ehefrau wage ich mich an die Beschreibung der fränkischen Küche. Wenn man meint, eine Würzburger mit oberschlesischer Abstammung, wie kann der von der fränkischen Küche schreiben, so ist dies nicht widersprüchlich. Im 12. Jahrhundert wurden die Franken nach Osten umgesiedelt gegen die herannahenden Slawen einen Schutz zu bieten. Eben jene Franken brachten die fränkische Küche mit und so wurden Klöße, Würste und Braten auch das Herz der schlesischen Küche. Mein Vater konnte Semmelwürste, Blutwürste und Graupenwürste herstellen, zu denen Liebhaber kein Weg zu weit war. Kein Sonntagsbraten war bei uns zuhause denkbar ohne die *„Knedel"*, wie sie meine Mutter nannte. Eine Spezialität war sogar der Serviettenknödel, ein Semmelknödelmasse, die in einer Rolle in ein Küchenhandtuch gewickelt wurde und dann in heißem Wasser gar gekocht wurde – köstlich!

In meinem Koch-Lesebüchlein folge ich dem klassischen Aufbau eines fränkischen Hochzeitsessens, Suppe vorweg, *Vorspeis'* und dann Hauptgang. Zu guter letzt *was Süaß*.

Da ich in Würzburg in der Sanderau als Arndtstrassler aufgewachsen bin, beschränkt sich diese Büchlein auch auf die mir bekannt nähere Umgebung Mainfranken, was mir Mittel- und Oberfranken verzeihen mögen. *„Man macht halt des, was mer kann."*

Der Aufbau eines jeden Rezepts oder Gerichts ist immer gleich. Zuerst wird etwas wichtiges oder unwichtiges darüber erzählt, manchmal gespickt mit einer kleinen Anekdote, überliefert oder von mir erfunden. Dann folgt die Zubereitung und die Zutaten. Abschließend noch Hinweise auf verwandte Gerichte und wo es besonders gut schmeckt.

Na, haben Sie jetzt schon Hunger bekommen? Dann erwerben sie dieses kleine Brevier und dann nix wie nei nei die nächste Wirtschaft und ein paar blaue Zipfel bestellt mit Brot und einem Silvaner. Dann lesen Sie weiter unter Vorspeis' – blaue Zipfel!

Guten Hunger wünscht

Wolfgang Mainka
alias Würzburger Nachtwächter

Meine Eltern (Foto: © Wolfgang Mainka)

Die Stehbrunzer vom Würzburger Markt

Es gab eine Zeit vor dem Supermarkt und die hieß Markt. Auf und um den Würzburger Markt fand und findet die Hausfrau und Mann auch heute noch alles was zum Kochen benötigt wird – frisch und aus der Region und zu Zeiten ohne Autos gut zu Fuß erreichbar im Herzen der Stadt. Jetzt parken die Fahrzeuge in der Tiefgarage darunter.

Jahrhunderte lang war der Würzburger Markt in der Strasse zwischen der alten Mainbrücke und dem Dom, in der heutigen Domstrasse. Seit Ende des 14. Jahrhunderts befindet sich der Markt an der Stelle des ehemaligen, in einem Progrom zerstörten Judenviertels, dem Ghetto. So kennen wir das Bild vom Markt heute, malerisch mit der bürgerlichen Marienkapelle als gotische Kulisse.

Seit napoleonischer Zeit dominiert ein Obelisk, von Andreas Gärtner 1805 gebaut, in der Mitte des Platzes und so manch einer fragt sich, wie er sich ausgerechnet hier nach Würzburg aus Ägypten verirrt hat. Christliche und antike Symbolik in friedlicher Symbiose malerisch vereint.

Ein Rundgang um dem Markt lässt noch die Geschichte des kommerziellen Mittelpunkts alter Zeit erahnen. An der Marienkapelle findet man versteckt zwischen religiösen Kerzen und neumodischen Occularen das *„Lädele"* vom Bäcker Brandstetter. Im Mittelalter waren die Bäcker mit ihren Läden entweder an Stadttoren angesiedelt oder, wie hier, an Kirchen. Der Bäckermeister Christian Englert, jetziger Inhaber der Bäckerei Brandstetter, schließt noch täglich um 5 Uhr früh die Marienkapelle auf und abends um 18:00 Uhr wieder zu, in alter Tradition wie sein Vater Erwin und sein Großvater zuvor auch. Wie heißt es im *„Vater unser"*: *„... unser tägliches Brot gib uns heute"* – hier wird dieses Gebet traditionell gelebt.

Gegenüber von der Marienkapelle auf der anderen Seite des Marktes neben der barocken Fassade des ersten Kaufhauses der Stadt, ein Werk des Baumeisters Balthasar Neumann, befand sich der Schmalzmarkt, an dem nur noch die Straßenbezeichnung erinnert. Fette und Öle sind und waren für ein gutes Essen unverzichtbar. Ohne dieses natürliche Schmiermittel lässt sich kein gutes Essen zubereiten. Die Bauern verkauften hier Schweineschmalz und Butter ebenso wie Eier. Danach traf man sich nebenan in der alten Gaststätte *„Zur Hühnerdiele"* auf eine gute Suppe mit Hühnerfleisch. Heute befindet sich an der Stelle ein Dessous-Geschäft mit nicht weniger attraktiven Fleischeinlagen.

Die Spitze des kulinarischen Dreiecks Marienkapelle – Schmalzmarkt ist der Fischmarkt unterhalb des Marktplatzes in der Karmelitenstrasse. Ein schmuckes Brünnlein aus der Barockzeit, sich in einen Häuserwinkel schmiegend, wird von zwei Putten bekrönt, kleine Burschen auf Fischfang mit Angel und Reusen. Der kleine Platz daneben war für Fischverkäufer vorgesehen. Ich kannte noch einige davon in meiner Jugendzeit, wenn sie am Freitag, dem traditionellen Fischtag der Katholiken ihre Früchte des Mains in Bottichen anboten. In einer katholischen Stadt wie Würzburg war es dem Gläubigen nicht erlaubt am Freitag Fleisch zu essen. Anfassen des Fleisches hingegen war ihm erlaubt. Leider erinnert nur noch der kleine Brunnen an den Fischmarkt, vielleicht noch der Name *„Dorsch"* des gleichnamigen Schuhgeschäftes am Platz. Es scheint, es hätte sich nicht mehr gelohnt für ihn Fisch zu sein, sodass er umgeschult hat und jetzt Schuhe verkauft.

Sicherlich fragen Sie, lieber Leser, sich schon seit Beginn dieses Kapitels, was die Überschrift *„Stehbrunzer"* mit dem Marktleben gemein hat. So komme ich nun zu der Hauptperson des Würzburger Marktlebens, die in Bronze gegossene und vom Würzburger Künstler Otto Sonnleitner geschaffene Brunnenfigur *„die Markt-Bärbel"*. Unter dem Glasdach der Marktstrasse steht sie da wie die Würzburger sie kennen und lieben. Mit Kopftuch, breiter Schürze, davor ihr Korb mit Gemüse und einer Gans. Sie ist der Inbegriff der Marktfrau vom Land und bekannt für ihre Gosch, das durch den Würzburger Humoristen und Stadtrat Hans Hirsch im Fasching in der Bütt zum Leben erweckt wurde. Die Bärbele kamen damals mit ihrem Leiterwägelchen, dem Hollewächele wie er heißt, bepackt mit allerlei Gemüse und Getier vom Land zu den Markttagen. Traditionell mit Rock, Schürze, Wams und Bluse und einem Tuch um die Schulter oder bei schlechtem Wetter ums Haar. War es kalt zog man anstatt einem Unterrock dann zwei, drei oder mehr an, ganz wie es einem erwärmte. Darunter trug die Bäuerin eine Unterhose ähnlich den Pömps wie es bei den Tänzerinnen im Moulin Rouge in Paris zusehen ist, wenn sie ihren Can-Can tanzten. Nur die Pömps der Marktfrauen waren im Schritt offen um sich beim Erledigen des kleinen Geschäfts nicht ganz der Unterhose zu entledigen.

Da es in früherer Zeit keine öffentlichen Toiletten in der Stadt gab wurde dann bei Dringlichkeit das Geschäft über einem Kanaldeckel erledigt, wobei dies den Passanten nicht weiter auffiel, da die ländliche Dame sich nur soweit niederließ, dass der Rocksaum den Boden berührte. Den Würzburger fanden dann auch schnell den passenden Namen *"Stehbrunzer"* für die Landfrauen und die passenden Unterhosen fanden die Damen im Lädele an der Marienkapelle – Stehbrunzerhosen!

Die Öpfelfraa aus Eibelstadt,
sachzeh', siebzeh' Röck anhat,
darunter is a Runzele,
da kommt heraus e Brunzerle!

Nicht weniger wichtig als die vorweg geschilderte Notwendigkeit war aber das Angebot vom Land, das den Würzburgern von den Landfrauen gebracht wurde und den Speiseplan üppig und abwechslungsreich gestaltete. Gesegnet ist diese Landschaft mit einer paradiesisch anmutenden Vielfalt. An den Hängen des Mains wächst ein köstlicher Wein. Im fruchtbaren Maintal säumen Obstbäume und Gemüsefelder den Weg, um Kitzingen und auf den wertvollen Lößböden zwischen Würzburg und Schweinfurt auf der fränkischen Platte reicht der Blick über Kohlfelder bis zum Horizont nach Schweinfurt mit der Silhouette des Atomkraftwerk Grafenrheinfeld.

Vom fernen Knoblauchland um Nürnberg und Bamberg kamen die *Kreenweibli*, die auf ihren Rücken den begehrten Meerrettich zum Markt trugen. Aus dem nahen Spessart kamen Wild und Pilze, aus dem Main die Fische, aus dem Ochsenfurter Gau Getreide und Vieh, kurzum ein Land in dem Milch und Honig flossen und die Grundlage der fränkischen Küche bis heute sind.

Ein Rundgang über dem Markt gleicht heute noch einem Rundgang durch die fränkische Küche. Gleich der Allegorie der vier Jahreszeiten, wie sie vom Johann Martin Wagner um den Obelisken gestaltet wurden, sind alle Zutaten dafür auf den Marktständen zu finden.

Bei Gemüsefrau Hermine aus Albertshofen bei Kitzingen kann man im Frühjahr fränkischen Spargel ebenso kaufen, wie die Bamberger Hörnli, eine festkochende Kartoffelsorten, klein und kurios geformt. Der Sommer bringt alles, was der fränkische Bauerngarten hergibt: gelbe Rübli, Kohlrabi, Kümmerli, wie die Einmachgurken hier genannt werden, Endivie-, Rapunzel- oder Schafmäulchensalat wie der Feldsalat hier heißt und so auch von den Einheimischen auf dem Feld noch selbst geschnitten wird. Der Herbst bringt Kürbisse in allen Größen und Farben und nach dem ersten Frost freut man sich schon auf den Rosenkohl, dem Wirsing und dem Blaukraut, dem ständigen Begleiter von Wild, Gans und Ente.

Wer Besonderheiten sucht geht dann schräg gegenüber dem Stand der Hermine zum Gaston aus Erlabrunn. Weiß der Teufel woher dieser quirlige und stets humorvolle Franke seinen französischen Namen hat. Neben seinen Spezialitäten aus Wald und Flur wie Pfiffer und Steinpilzli, Trüffel bekommt man auch den neuesten Witz des Tages gratis dazu. Kostprobe gefällig:

> Kommt eine Frau zum Doktor und klagt
> über Halsschmerzen. Sagt der Doktor zu ihr:
> *„Ziehen sie sich doch bitte einmal aus."*
> *„Ja Herr Doktor"*, antwortet sie,
> *„wo soll ich denn meine Kleider hinlegen?"*
> *„Na hier, auf meine!"*

In der Nachbarschaft zum Gaston haben die Obstbauern aus Leinach ihre fliegenden Stände aufgebaut. Mit dem Spargel freut man sich auf die ersten Erdbeeren und ist die Zeit der Spargelernte nach Johanni vorbei kann man sich nicht genug satt sehen an dem Angebot von Früchten: Berge von Kirschen, rote und schwarze Johannisbeeren, Himbeeren,

Stachelbeeren, Aprikosen und im Herbst Äpfel und Birnen. Da geht mancher Frau das Herz zum Marmeladenmachen auf.

Freitag und Samstag steht Frau Fischer mit ihrem Wagen auf dem Markt. Ihr Name ist Verpflichtung und so bietet sie Waller, Hecht, Zander und Forellen, im Winter Karpfen aus den Aischgründen an. Mit Gummistiefel und Schürze fischt sie mit Netz und Können aus dem Bottich das Prachtstück für das nächste Mahl heraus. Bätsch, Bätsch, zwei, drei Schläge mit dem Holzknüppel auf dem Kopf und der Fisch macht die letzten Zuckungen seines Lebens.

Auch Gänse, Hühner und Enten sind im Demeter-Häuschen am Markt ins Nirwana gewechselt. Ihre natürliche Aufzucht macht sich spätestens beim Genuss derselben bemerkbar und letztlich auch bezahlt. Im Frühjahr werden zudem junges Osterlamm und Zicklein angeboten, nicht zu vergessen frischen Käse aus Schafs- und Ziegenmilch. Wer schon einmal Frischkäse von der Ziege mit Honig auf Bauernbrot aus biologischen Anbau gegessen hat, wird den Genuss nicht so schnell vergessen. Übertroffen wird er vielleicht nur von Schafskäse mit eingelegten grünen Walnüssen, dazu ein kräftiger Roter von den Hängen bei Homburg.

Wer es lieber schnell und einfach mag – bitte schön. Gleich nebenan gibt es *„die Geknickte"*, so sagen die Würzburger zum Bratwurststand am Markt. Die Schlange vor der Bude, so lang wie zu Zeiten der Währungsreform in der Nachkriegszeit, weist einem den Weg.

Ich bewundere die Bewegung der Frauen, wenn sie die Bratwurst ins Brötchen verbringen. Da diese länger ist als der Kipf wird die Wurst zur Hälfte eingelegt und – zack – mit einer kurzen Bewegung geknickt, sodass beide Teile der Wurst gleich lang jetzt im Kipf sind, mit einem Strich Senf versiegelt. Die Würzburger sagen die Bude war schon immer am Markt, schon zu Zeiten als man die Marienkapelle vor 600 Jahren gebaut hat. Angeblich hätte man beim Bau der Tiefgarage sogar ein Paar Gecknickte im Erdreich ausgegraben, versteinert und mit Senf drauf natürlich!

Das beste kommt zum Schluss, sagt das Sprichwort und so habe ich ein kleines Juwel des Würzburger Markts bis hier aufgehoben – das *Honighäusle*. Um das Besondere und Außergewöhnliche dieses Marktstandes hervorzuheben muss ich zurück gehen in die Anfänge des medienalimentierten Feinschmeckers der Nation Wolfram Siebeck. Seine erste Kolumne über die Essgewohnheiten der Deutschen in der Zeitschrift *„die Zeit"* schrieb er über, man kann es kaum glauben, über die Würzburger Bahnhofsgaststätte. In diesem Gourmettempel fränkischer Gastlichkeit wurde der bärtige Kreuzritter der feinen Küche 1975 verschlagen, zufällig. Da mir dieser Hord fränkischer Gastlichkeit noch erinnerlich ist, ich habe dort ab und zu ein Bier getrunken wenn ich auf einen Zug gewartet habe, kann ich gut nachempfinden was Siebeck seinerzeit empfunden hat, als er dort vom Kellner im schwarzem Livree und Fliege eine Gulaschsuppe serviert bekam. Aber, und das ist weniger bekannt, hat Siebeck in dieser legendären Kolumne das Honighäusle am Markt, wie man sagt, über den grünen Klee gelobt.

In jenen Tagen, als man zum Würzen von Speisen nur Salz und Pfeffer kannte, vielleicht noch etwas Petersilie und Schnittlauch, war das Honighäusle mit seinem Angebot von Gewürzen die absolute Ausnahme. Noch heute gehe ich zu diesem Stand und kann mich an den angebotenen Gewürzen und sonstigen Besonderheiten nicht satt sehen. Anis, Kreuzkümmel, Safran, mehrere Sorten Pfeffer, ganz und gemahlen, getrocknetes Majoran, Kerbel, Thymian und und und liegen in kleinen Portionen abgepackt in großer Auswahl vor einem. Getrocknete Früchte aller Art, Ingwer, Feigen, Cranberries, Sauerkirschen, Hutzelbirnen, Aprikosen, man möchte am liebsten alles mitnehmen.

Wenn das kein guter Abschluss für den Würzburger Markt ist, was dann wohl?

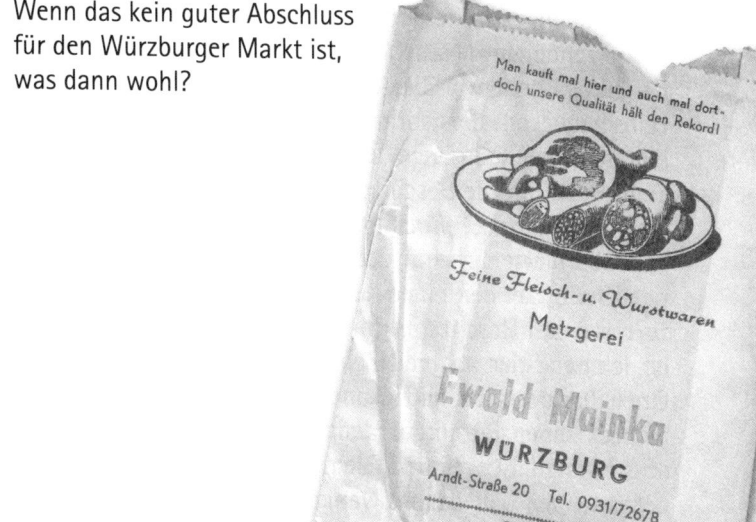

Schwuppdiwupp, Kartoffelsupp'

Kartoffelsuppe
oder Ebieresupp'

Beispiele für Nationalgerichte, also Essen, in dem sich jedes Klischee einer Nation vereint, gibt es reichlich. Beispiel Italien: Da sitzt ein Gondoliere mit weiß-blau gestreiftem Unterhemd, das Gesicht braun gebrannt, das Haar glänzt ölig-schwarz, vor einem Teller Spagetti in der Sonne. Auf einer Gabel zwirbelt er Spagettis, getränkt in Tomatensoße. Oder ein Franzose mit Baskenmütze und schwarzem Oberlippenbart, vor sich ein Coq au Vin und lässig im Mundwinkel die Gauloises-Zigarette. Oder der Spanier: In einem Torerokostüm stochert er in einer Pfanne Paella herum, als ob er einen Stier aufspießen wollte, und trinkt dazu Sangria. Der Belgier verspeist Fritten, der Holländer Gouda, der Amerikaner seinen Burger, der Japaner Sushi – und der Deutsche? Der sitzt vor einem Teller Kartoffelsuppe.

Wenn es ein deutsches Nationalgericht gibt, in dem sich alle ethnischen Stämme der Bundesrepublik vereinen, dann ist es die Kartoffelsuppe. Keiner konnte es treffender sagen als die Sponti-Truppe der 68er Generation Insterburg & Co.: *„Ich koch mir 'ne Kartoffelsuppe und schlafe dann mit meiner Puppe, denn ich bin ein Deutscher!"* Ob diesem Beispiel nun der Ostfriese, Berliner, Rheinländer, Schwabe oder gar der Franke folgen sollte, sei dahingestellt. Zumindest aber wird in diesem literarisch hochwertigen Essay die Kartoffelsuppe als das Gericht der Deutschen klassifiziert. Die andere Aussage dieses Spruchs wird sicherlich von Italienern oder Franzosen bezweifelt.

Dabei ist die Kartoffelsuppe beileibe nicht von großer Raffinesse geprägt und findet sich auch nicht auf den Menüseiten eines hochfeinen Gourmettempels. Letzteres völlig zu Unrecht. Die Kartoffelsuppe ist meiner Meinung nach ein ideales Gericht, da es zum einen Düfte verbreitet, die einen mit Speck, Gemüseflavour und würzigen Kräutern an die Küche der Mutter erinnern, andererseits den Vegetarier befriedigt, wenn er die Wursteinlage weglässt. Oder eine Grundlage für den experimentellen Koch ist, der seine Phantasien mit kleinen Nuancen von exotischen Currys oder frischen Kräutern wie Kerbel und Koriander ausleben kann. Oder wie wäre es denn einmal anstatt Würstchen und Speck mit einer Einlage von Räucherfisch, kleinen Stückchen eines geräucherten Heilbutts oder Schillerlocken? Oder kalorienarmen Stückchen von Hühnerfleisch? Ein gewisser Mut bringt dabei schmackhafte Ergebnisse hervor oder sie landen im Mülleimer ...

In Sachen Kartoffelsuppe zeigt sich der Franke versöhnlich mit dem Rest der Republik und trägt mit einem eigenen Rezept zur Vielfalt bei. Wobei er natürlich auch eine große

Auswahl von Wurstsorten hat, mit denen er die Suppe bereichern kann. Markant bei der fränkischen Kartoffelsuppe ist auch die Würze mit Kräutern und Gewürzen. Majoran und gehackte Petersilie gehören ebenso dazu wie Liebstöckel, das der Franke auch liebevoll „*Maggikraut*" nennt.

Auch der würzige Muskat darf nicht fehlen. Gibt er doch der Suppe dieses gewisse Extra an Exotik. Übrigens, wussten Sie auch, dass diese kleine, unscheinbare Nuss die Weisheit beinhaltet: Die Dosis macht das Gift, oder wie der Lateiner sagt: „*dosis fecit odium*". Schon die Einnahme einer ganzen Nuss ist tödlich. Mit diesem Wissen kann der Koch die Muskatnuss bei seinen Gerichten einsetzen, je nachdem wie er zu seinem Gast steht. Entweder um ihn zu verwöhnen oder ...

Zutaten:

2–3	*Gelbe Rübli*
2	*Stangen Porree*
2–3	*Zwiebeln, je nach Größe*
1	*kleiner Kopf Sellerie*
500 g	*mehlige Krumbeeren*
150 g	*magere, geräucherte Speckwürfeli*
2–3 l	*Fleischbrühe, nur kee Maggiwürfel*
	Salz und Pfeffer, Muskat
	Kräuterli je nach Lust und Geschmack:
	Peterle, Majoran, Maggikraut
	Wurstsorten nach Geschmack

Zubereitung – ganz leicht:

1 Die Gelben Rübli werden je nach Stärke in Scheiben geschnitten oder in Würfel, der Porree wird im weißen Teil mit einem Messer kreuzweise eingeschnitten und unter Wasser gewaschen, dann geschnitten, aber wieder nur das Weiße. Die Ebiere werden nach Schälen und Waschen in kleine, ca. 1 cm große Würfel geschnitten. Das Gemüse wir zusammen mit dem leicht angeschwitzten Räucherspeck ca. 20 Minuten unter ständigem Rühren gedämpft. Dann kommt die Fleischbrühe dazu und nach dem Aufkochen lässt man das Ganze nochmal 20 Minuten leicht köchelnd wimmern. Dann ist die Rohsuppe fertig zum Würzen. Wer es mag, kann sie mit einem Püreestab noch in eine sämige, breiähnliche Suppe verwandeln, ich ziehe es vor, mit einem Kartoffelstampfer ein paarmal in die Suppe zu stampfen, damit die Kartoffeln noch bröggelich zu schmecken sind.

2 Jetzt salzen und mit gemörsertem schwarzem Pfeffer abschmecken und dann noch mit Muskat – drei-, vier-, fünfmal kräftig mit der Nuss über die Reibe. Nur Mut, es soll kräftig gewürzt sein, sonst schmeckt es wie eingeschlafene Füß'!

3 Die gehackten frischen Kräuter in launigen Mengen dazugeben oder über die Suppe im Teller streuen, was auch optisch was hergibt.

 *Dazu Wurschtscheibli von Bauernseufzer, Weißgelegtem oder Wienerli. Schmeckt das ganze Jahr und besonders im Winter!*

Wein und Brot gibt auch eine Suppe.

Mostsuppe
Wein einmal anders

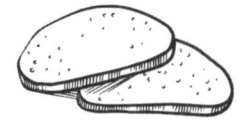

Ich koche gerne die Mostsuppe. Ist sie doch ein Beispiel dafür, dass Wein nicht nur zum Trinken da ist. Der Franke sagt vor allem im Sprachgebrauch zum jungen Wein auch „*Most*", wobei auf dem Land bisweilen auch der Apfelmost damit gemeint ist.

Die Qualität einer guten Mostsuppe entscheidet sich nicht nur beim Zubereiten, sondern vor allem bei der Qualität des Weines, den man dazu bereit stellt. Kurz gesagt, dem Kochgang geht eine vergnügliche Weinprobe voraus.

Möchte man der Suppe einen bodenständigen, kräftigen Geschmack verleihen so wähle ich einen Silvaner. Versuchen wir mal einem aus dem Maintal, Thüngesheimer – hmmm lecker. Oder doch vielleicht den mit Keuperboden? Iphöfer?! Superb! Da der viel zu schade dafür ist kehre ich zum Thüngesheimer zurück mit einem kräftigen Schluck.

Oder sollte man der Suppe vielleicht doch eine eher leichte Note verleihen, dann den Müller-Thurgau. Escherndorfer Lump zergeht auf der Zunge und gleich einen aus Dettelbach Honigberg hinterher. Wo schmeckt man gerade den Unterschied? So geht es zwei, dreimal zwischen den beiden hin und her, wobei sich beide Lagen mit jedem Schluck angleichen. War das jetzt der Dettelbacher oder der Eschendorfer? Egal!

Oder wie wäre es mit einer Scheurebe? Scheurebe ist immer dann bevorzugt, wenn man den Gast überraschen will. Entweder sie schmeckt einem oder nicht. Der lehmige, erdige Geruch ist nicht jedermanns Sache und gerade deshalb gewagt. Eibelstädter Alter Berg muss es sein. Der erste Schluck ist sperrig und verlangt einen weiteren, der geht besser und beim Dritten hat sich die Zunge in den Wein verliebt. Vielleicht noch zum Vergleich einem von den Hängen des Steigerwaldes – Castell oder Hüttenheim?

Sollte ich jetzt noch in der Lage sein eine Mostsuppe zuzubereiten und die Wahl des Weines führte zu keinem Ergebnis, dann halt einen Cuvee von allen Weinproben – *„Zammgeschütt"* sagt der Franke. Oder vielleicht doch das Kochen absagen und die Weinprobe fortsetzen?

Mahlzeit!

Zutaten für 4 Personen:

(für eine durchschnittliche 4-köpfige fränkische Familie – Franz, Renate sowie die Kinder Marwin und Schandall)

	Butter
2	Zwiebeln
1/2 l	Fleischbrühe
1/2 l	Most *(siehe oben)*
1 EL	Mehl
	Salz
	weißer Pfeffer
	Muskat
1/2 l	Sahne
2	Eigelb
	Weißbrot
	Zimt

Zubereitung:

1 Ich lasse die Butter, einen guten Schlag von 2–3 Esslöffel langsam in einem gusseisernen Topf zergehen. Bitte nicht zu heiß, denn die Butter liebt die temperierte Wärmen. Bei schneller Hitze ärgert sie sich schwarz und ich kann sie der Spüle übereignen. Also schön langsam mit der Temperatur umgehen. Wenn sie goldgelb und schaumig dahinfließt gebe ich die klein gewürfelten Zwiebeln hinzu.
Wenn ich den Zwiebeln eine kräftigen Geschmack geben möchte, wähle ich die französische Schwester, die Schalotte. 2–3 schön fein gewürfelt. Das Ganze wird bei milder, mittlerer Temperatur unter ständigem Rühren mit dem Kochlöffel glasig gedünstet. **Aber Vorsicht!** Die Zwiebel sollten glasig sein, nicht der durch die Weinprobe geschwängerte Blick des Kochs!

2 Nun kommt die Fleischbrühe hinzu. Wohlgemerkt eine selbstgemachte, kräftige Fleischbrühe, kein Maggiwürfel oder sonstiges, künstliches Geschmacksprodukt. Wie man dieselbe macht sehen sie unten im Exkurs. und dann noch den Wein, den Silvaner oder den Müller-Thurgau, oder vielleicht doch die Scheurebe. Egal, rein damit.
Das Ganze lasse ich dann eine gute Viertelstunde bei leichter kochender Temperatur einkochen und setze inzwischen die Weinprobe fort.

3 In einem weiteren Topf erwärme ich wie bereits erwähnt 2 Esslöffel Butter und füge einen Esslöffel Mehl hinzu, das sich mit der Butter zu einer Einbrenne vereint.

Dann füge ich die zwischenzeitlich reduzierte Wein-Brühe-Mischung Kellen weise hinzu. Ebenso die bereitgestellte Sahne, was alles zusammen schon die Suppe ausmacht. Diese wird noch mal kurz erwärmt, **nicht** gekocht!

4 Jetzt kommt das Abschmecken mit Gewürzen. hier habe ich alle Freiheiten, die eine Küche dem Koch lässt. Mit weißem Pfeffer, Salz und Muskat. Weingeschmack und Muskat sollen sich ergänzen, nicht gegenseitig überlagern. Mit einem Kaffeelöffel schmecke ich nach jedem Würzen ab. Hmm, lecker. Der Kaffeelöffel wird durch einen Suppenlöffel ersetzt. In einem Schüsselchen füge ich dem Eigelb löffelweise Suppe hinzu und binde damit die Suppe.

5 Jetzt folgt die Krönung des ganzen – die Bröckeli! Was später aussieht wie Muckenschiß auf der Suppe sind Weißbrotwürfel in einer Pfanne mit Butter braun geröstet und mit Zimtpuder bestreut. Die werden beim Servieren auf die Suppe gesetzt. Ein Fest für den Schmakofatz.
Die sähmige, nach Wein schmeckende Suppe begleitet von Muskat und einem leichten Zimtgeschmack der Brotwürfeli, die knusprig beim Essen zergehen.

Dazu einen Schluck Silvaner oder vielleicht doch die Scheurebe.

~ EXKURS ~

Eine Weinsuppe sagt allein schon viel aus über den Charakter des Franken. Natürlich bietet sich eine Weingegend für den Gebrauch des göttlichen Geschenkes an, denkt man zwangsläufig. Aber wenn ich überlege und in Gedanken die großen internationalen Weinregionen durchgehe – Südfrankreich, Toskana, Südafrika, Südamerika und eventuell auch Amerika und Australien, so kommt mir kein Rezept in den Sinn, das nur annähernd an eine Weinsuppe des Franken reicht. Gut, in Frankreich und Italien kommt hier und da mal ein kleiner Schluck Weiswein zum Gericht dazu, rein zur Geschmacksverbesserung, bei einem Risotto oder einer Fischsuppe, aber bitte schön nur als Hintergrundflavour.

Der Franke aber schafft sich eine Suppe die als Hauptdarsteller seinen Wein hat. Mehr Ehre und Respekt kann man sich für ein Getränk wohl nicht vorstellen! Es zeigt aber auch die Ehrfurcht des Franken zu seinem Wein. Jeder der schon einmal einen historischen alten Weinberg gesehen hat kann die Mühe und die Arbeit erahnen, die im früheren Weinanbau gesteckt hat. Steile Hänge, kleine Parzellen aus mühsamen Stützmauern geformt und die Knochenarbeit des Anbaus und der Ernte. Bei jedem Wetter in den *„Wengert"* hat sich beim Winzer in Ehrfurcht zum geernteten Wein gezeigt. War es ein guter Jahrgang, so sagt er stolz: *„Eigenbau!"*; war es mal nicht so gut mit der Qualität und dem Ertrag seufzt er: *„So hat ihn halt der Herrgott lass wachs!"*

*Die Bratwurst sucht man
nicht im Hundestall.*

Blaue Zipfel
Gesottene Bratwürste

Bei diesem Rezept ist einfach alles schräg. Schon der Name: *„Blaue Zipfel"*! Warum blau? Wenn sie fertig im Suppenteller vor einem liegen, sehen die gesottenen Bratwürste alles andere als blau aus, eher weißlich grau, fast ekelig.

Manche meinen, sie sehen aus, als kämen sie geradewegs aus der Anatomie. Man muss geradezu über den Anblick hinwegessen. Und dann noch *„Zipfel"*. Zipfel, das erinnert einen an den Kosakenzipfel von Loriot, wenn nicht sogar an einen kleinen Bubenspitz im Winter! Also, warum heißen die Dinger nur Blaue Zipfel? Des Rätsels Lösung folgt sogleich.

Keine Angst, lieber Leser, sie schmecken köstlich. Hat man sich erst einmal an den Anblick derselben gewöhnt und sich über den Namen ausgiebig amüsiert, dann haben Sie, lieber Leser, eine geniale Speise vor sich.

Die Würste schmecken in ihrer Komposition mit Essig, Wein, Gemüse und Gewürzen einmalig. Sie sind ein idealer Begleiter zu einem köstlichen kalten Schoppen Frankenwein, egal ob Silvaner, Scheurebe oder Bacchus. Sie schmecken einfach zu jeder Tageszeit, ob als spätes Frühstück – für die Zipfel würd' ich jede labbrige Weißwurst dem Hund hinschmeißen –, zwischendurch am Nachmittag statt Kaffee und Kuchen, und wenn es einmal sehr spät und lustig am Abend zugegangen ist, dann sind die Blauen Zipfel ideal geeignet, den Magen nach Mitternacht wieder einzurenken.

Letztlich haben Sie eine originelle und einzigartige Wurst vor sich. Wer, wenn nicht ein Franke, käme auf die Idee, Bratwürste entgegen ihrer Bestimmung anstatt zu braten so lange in einer Weinbrühe zu sotten, bis sie besoffen, also blau sind?

Ich erinnere mich dabei an eine lustige Begebenheit, die ich mit einem, wie der Franke sagt, *„alten Krabberle"*, also einer schon betagten Dame, einst in der Weinstube *„Zum Maulaffenbäck"* hatte.

Ich hatte mir bei der lieblichen und allseits beliebten Kellnerin Cora ein paar Blaue Zipfel bestellt mit Beilagen, sprich einen Schoppen Silvaner und Brot. Mir gegenüber saß die alte Dame und wir unterhielten uns über das, was einen so bewegt: Krankheiten, Hunde, Wetter etc. Nach geraumer Zeit erschien die Cora und stellte mir den Schoppen Wein, etwas Brot und die dampfenden Blauen Zipfel in einem Suppenteller hin. Das alte Krabberle stierte unentwegt auf meine Würste. Nach einiger Zeit, ich hatte schon ein, zwei Schluck Wein genossen und wollte gerade mit dem Essen beginnen, fragte sie mich, ohne den Blick vom Teller zu wenden: *„Langt Ihnen des Brot?!"* „Ja", antwortete ich. *„Warum?"* *„Na, dann können Sie mir doch Ihre Würscht geben!"*

Zutaten:

(berechnet für 2 Personen, den Autor und das Krabberle)

2 Paar	grobe fränkische Bratwürste
1/2 l	Wasser
1/4 l	bester Obstessig
1/4 l	= 1 Schoppen durchschnittlicher Frankenwein, *(einer von der Pfalz tut es auch)*
2–3	Zwiebeln
2–3	gelbe Rüben
1	kleine Petersilienwurzel
1	Stange Lauch, nur das Weiße
2	Nelken, *(mehr macht es weihnachtlicher)*
2	Lorbeerblätter
1 TL	Senfkörner
1 TL	schwarze Pfefferkörner
3–5	Wacholderbeeren
1/2 TL	Kümmel
1 EL	Zucker
	Salz

Zubereitung:

1 Ich achte bei der Auswahl der Bratwürste darauf, dass diese prall und dick sind und eine möglichst grobe und großdimensionierte Fülle habe. Und ich frage nach, ob sie frisch sind, also möglichst am gleichen Tag in der Wurstküche hergestellt wurden.

2 Die Würste wasche ich vorher mit kaltem Wasser kurz ab und lege sie auf Küchenpapier.

3 Nun kommt der Sud. Die Zwiebeln schneide ich in kleine Ringli. **Tipp:** Ich spüle meine Finger vor dem Schneiden kurz mit kaltem Wasser ab und nachher nochmals. Dann riechen sie absolut nicht nach Zwiebeln.

4 Die gelben Rüben und die Petersilienwurzel werden geschält und in kleine Stiftli geschnitten. Die Lauchstange schneide ich ebenfalls in kleine Ringli. Wasser und Obstessig werden mit dem Gemüse und den Gewürzen sanft gewärmt bis kurz vor dem Kochen, zuletzt füge ich den Wein dazu.

5 Dann lege ich die Würste obendrauf, Deckel drüber und dann lasse ich sie mindestens 10 Minuten, besser eine Viertelstunde, mit sich allein.

6 Jetzt lege ich die Würste in vorgewärmte Suppenteller und bedecke sie mit dem gedünsteten Wurzelgemüse. Dann noch etwas Sud dazu und ab geht die dampfende Pracht auf den Tisch.

Dazu passt kräftiges, würziges Bauernbrot, typisch fränkisch mit Gewürzen und Kümmel. Je nach Geschmack trinkt der eine ein kühles, schäumendes Bier dazu, der andere einen Schoppen Frankenwein oder, wenn nichts anderes greifbar ist, einen Schoppen aus der Pfalz.

Guten Appetit!

~ EXKURS ~

Die Bauernseufzer

Wenn Sie schon mit der Bezeichnung „*Blaue Zipfel*" Ihre Schwierigkeiten hatten, dann wundern Sie sich bestimmt auch über die Bauernseufzer. Es handelt sich dabei um geräucherte Bratwürste. Diese werden nach der Herstellung in den Rauch gehängt und über Buchenmehl langsam geräuchert. Wenn Sie nicht wie ich das Glück hatten, in einer Metzgerei aufgewachsen zu sein, dann darf ich Ihnen versichern, dass frisch geräucherte Würste ein himmlischer Genuss sind. So aus dem Rauch genommen, halten sie sich einige Wochen.

Aber frisch ist frisch! So werden sie bald nach dem Kauf in ca. 80 Grad heißem Wasser erwärmt und gut 10–15 Minuten ziehen gelassen. Sodann gelangen sie auf den Teller zusammen mit frisch geriebenem Meerrettich, im Fränkischen Kren genannt, und werden mit einem Glas Frankenwein und würzigem Bauernbrot genossen.

Auch wenn Sie kein Bauer sind, kann ich Ihnen garantieren, dass Ihnen beim ersten Biss in die warmen Würste ein Seufzer entfährt. Deshalb fragen Sie bei einer Wirtschaft, die geräucherte Bratwürste auf der Karte führt, ob die vom gleichen Tag sind, und dann bestellen Sie diese, auch als kleine Vorspeise. Wenn zwei Würste Ihnen zu viel sind, dann gibt man Ihnen sicher auch nur eine.

Dem Franken sei „Tarufolo"

Kartoffelsalat
oder Krumbieresalat

In Franken sagt man zu den Kartoffeln *„Krumbieren"*, was im Hochdeutschen *„Erdäpfel"* gleich kommt. Der Name ist der Hinweis zur Herkunft der Kartoffel, der Erdkrume und deren Früchte aus dergleichen. Die einen nennen sie Beeren, die anderen Äpfel. Die Bezeichnung Kartoffel hingegen ist *„neigeschmeckt"*, also von auswärts übernommen. Sie kommt aus dem italienischen *„tartufolo"* dem Trüffel, was sich wiederum aus dem lateinischen ableitet der Bezeichnung *„terra tuber"*, was übersetzt Erdknolle heißt. Man könnte jetzt mutmaßen, dass beide Bezeichnungen, sowohl tatufolo als auch terra tuber der Aussprache des Franken nicht gelegen ist, vielleicht sogar Schwierigkeiten bereitet, da der Franke bekanntlich Probleme mit harten Konsonanten wie zum Beispiel *„t"* hat. Nicht auszudenken, wenn auf einer Speisekarte stünde: *„Karpfen im Bierdeich mit derra duber-Salat"* oder *„Meefischli mit dadufolo"*. *Mal ehrlich, des dät doch kenner freß gewöllt, oder?*

Das die dümmsten Bauern die größten Kartoffel haben trifft auf keinem Fall auf die fränkischen Bauern zu, allenfalls auf andere, nicht auf fränkische. Denn die beliebteste Kartoffelsorte in Franken ist klein, gebogen, allerfeinst und einmalig nur in Franken zuhause – die *Bamberger Hörnli*.

Sie sind festkochend und ideal als Grundlage eines fränkischen Kartoffelsalats oder als Beilage zu Spargel. Das geniale an den kleinen Dingern ist, dass sie so knubbelig und krumm gewachsen sind, dass man sie gar nicht schälen kann. Muss man auch nicht. Ich liebe diese Dinger deshalb so sehr. Am besten schmecken Sie als Frühkartoffeln und ich kann es kaum erwarten, wenn sie auf dem Markt in Körben zu sehen sind.

Daheim werden sie unter fließendem Wasser mit einer Wurzelbürste, die habe ich auf der Häfelesmess beim Bürstenstand gekauft, abgeschrubbt und zwar solange bis die Haut fast ganz weggeschrubbt ist.

Das Besondere an dem Krumbieresalat ist der Teelöffel Kümmel im Wasser, was den Hörli einen besondere leichte Note gibt. Wobei der Kümmel in der fränkischen Küche eine besondere Stellung hat und beweist, dass der Franke dieses uralte Gewürz stets zu würdigen wusste. Man nehme nur mal ein paar Kümmelkörner und zerreibe sie mit einem Holzklöppel im Mörser. Wenn man die Nase drüber hält und den Duft der ätherischen Öle des Kümmels einatmet kann man den Franken verstehen. Seine Vorliebe zum Kümmel kommt vor allem in Backwaren zur Geltung.

Kein Frankenlaib ohne Kümmel, sowohl im Sauerteig drinnen als auch auf der krossen Kruste. Natürlich übertreibt es der Franke bisweilen und so finden sich die Körnli auch im Kipf wieder, mal weniger mal mehr, je nachdem wie der Bäcker zum Kümmel steht. So mancher Nichtfranke hat schon darüber den Kopf geschüttelt, manchmal ist ihm sogar ein Schauer entglitten wenn er nichts ahnend in sein Brötchen mit Marmelade biss und dabei dem Kümmel seine ätherischen Öle entlockte! *Ich geb's zu, man muss es möch!*

Guten Appetit!

Zutaten:

1 Kilo	Bamberger Hörnli
1 TL	Kümmel
5 EL	Weinessig
	Salz
	Zucker
	Weißer Pfeffer
1/4 l	heiße Fleischbrühe
5 EL	Öl

Zubereitung:

1 Die Hörnli werden im Wasser mit reichlich Salz, das Wasser muss wie in der Nordsee schmecken, und 1 TL ganze Kümmel nicht zu weich gekocht, so zwischen 15-20 Minuten. Ich steche kurz mit einem spitzen Messer in die Hörnli. Geht es durch wie Butter müssen sie raus, höchste Zeit!

2 Zwischenzeitlich löse ich die gekörnte Brühe, die muss nicht die beste sein, in Wasser auf und lasse sie heftig kochend etwas eindampfen, so wird die ohnehin salzige Brühe konzentrierter.

3 Aus dem heißem Wasser werden Hörnli unter kalten Wasser kurz abgekühlt. Dann schneide ich sie in dünne Scheibli. Mit dem Essig verquirle ich Salz, weißen Pfeffer und Zucker, wer es mag kann auch einen Teelöffel Senft *(man bemerke die Ausnahme der Aussprache zum harten "t"!)* unterrühren und schmecke das Sößle ab. Salatsößle und heiße Brühe werden über die Hörnli gegossen und vorsichtig umgerührt. Das Ganze wird zugedeckt ca 20 Minuten ziehen gelassen. Dann kommt noch etwas Öl nach Geschmack drüber und mit Schnittlauch bedeckt. Wer will kann auch noch dünn geschnittene Radisli untermengen.

 *Der Kartoffelsalat passt prima zu fast allem, sei es Fisch wie Meefischli oder Karpfen, zu Schinken im Brotteig oder Kärrnerbraten oder zu geräucherte Bratwürste.*

*Vor dem Essen hängt man's Maul,
nach dem Essen ist man faul.*

Kärrnerbraten aus Würzburg

Den Kärrnerbraten gibt es nur in Würzburg, sonst nirgendwo, auch nicht in Nürnberg, nicht in München und auch nicht in Berlin, schon gar nicht in New York. Er ist also ein typisches Würzburger Gericht. Trotzdem muss man Glück haben, wenn er auf der Speisekarte steht. Dann sollte man ohne lange zu überlegen ihn bestellen. Freuen sie sich auf ein herzhaftes und originelles Gericht, deftig und sättigend. Der Kärrnerbraten ist eine gefüllte Rinderbrust, wie kann es auch anders sein, mit Bratwurstbrät. Doch dazu später.

Der Kärrnerbraten steht auch für einen Beruf aus längst vergangenen Tagen, für die Kärrner. Das waren, wie der Franke sagt, *„arme Säu"*. In Würzburg wohnten sie unweit des Alten Kranens parallel zum Mainkai in der noch heute so vorhandenen *Kärrnergass'*. Dort, in dem lang gestreckten Gässchen, das regelmäßig bei Hochwasser abgesoffen ist, sodass man nur mit einem Schelch von Haustür zu Haustür kam, karrten sie tagein, tagaus mit ihren Karren die Waren von der Schiffsanlegestelle am Alten Kranen zu den Geschäften und Lagerhäuser, daher der Name „*Kärrner*".

Eine Scheißarbeit, bei der einem der Buckel krumm wurde und man schon mit vierzig aussah wie siebzig. Aber es zeigt auch, dass der Franke ein guter Arbeiter ist. Fleißig und ausdauernd plagt er sich für sein tägliches Brot. Müßiggang ist ihm fremd.

Wahrscheinlich hängt diese Eigenschaft mit seinem katholischen Glauben zusammen. Er nimmt die Benediktinerregel „*ora et labora*" sehr ernst. Und wer schwer arbeitet, der darf auch gut essen um bei Kräften zu bleiben. Arbeiten und gutes Essen gehören beim Franken zusammen.

Gehen Sie einmal in die Kärrnergass', gleich neben dem Durchgang zum Mainufer, dem ehemaligen Holztor, hat die Würzburger Malerin Renate Jung einen Kärrner auf die Hauswand gemalt. Mit krummen Buckel in derber Kleidung schiebt er seinen Karren. Begleitet von seinem Filius, der, zur Überraschung mit seiner rechten Hand eine eindeutige Geste macht, nämlich eine „*lange Nase*". Diese freche Geste gilt einer adrett angezogenen Frau, offensichtlich eine Gouvernante mit einem kleinen Mädchen neben ihr. Diese kleine freche Göre mit Sommersprossen, einem schicken Hütchen aus dem zwei Zöpfe rechts und links rausbaumeln. Kärrner mit Sohn und bürgerliche Zofe mit feinem Mädchen, wie geht das zusammen?

Nun, dazu erzählt man sich in Würzburg folgende Geschichte:

In besagter Kärrnergasse lebte einst vor langer Zeit, es mag fast 200 Jahre her sein, ein Kärrner, der mit seinem Sohn Georg, von allen nur Schorschi genannt, der schweren Arbeit nachging. Der Schorsch war, wann immer es die Schule zuließ dabei und half dem Vater. Gleich um die Ecke in der Karmelitenstrasse wohnt die kleine Dame, sie hieß Sophie, und kam aus gutbürgerlichem Hause, der Vater war ein bekannter Stadtrat. Täglich ging sie wohlbehütet von der Zofe spazieren und dabei traf man sich mit dem schwer arbeitenden Kärrner und seinem Sohn.

Doch wie es so oft im Märchen passiert, fanden die beiden Kinder Gefallen aneinander. Man blinzelte sich freundlich zu begleitet von einem flüchtigen Lächeln. Daraus wurde dann ein Poussieren und Flirten, bisweilen begleitet sogar mit einem flüchtigen Küsschen. Der Zofe gefiel dieses Verhalten ganz und gar nicht und so zog sie die kleine Marie zur Seite wenn das Gespann vorbeizog. Dann machte der Schorschi frech eine *„lange Nase"*, so wie auf der Wandmalerei.

Die Zeit ging ins Land. Aus dem Schorschi wurde dank guter schulischer Erziehung bei den Jesuiten, die den klugen Jungen förderten, ein fleißiger Student der Medizin und zu guter letzt ein tüchtiger und begabter Arzt im städtischen Juliusspital. Zu jener Zeit lagen die napoleonischen Truppen vor Würzburg und beschossen die Festung. Dabei wurden auch französische Soldaten verwundet und ins Juliusspital verbracht. Der Schorschi versorgte sie allemal, egal ob Freund oder Feind. Nur der französischen Sprache war dieser nicht mächtig und so hielt man nach einer Krankenschwester Ausschau, die französisch sprach. So kam eine hübsche junge Frau mit Sommersprossen und blonden Zöpfen dazu und übersetzte dem Dr. Schorschi.

Es war niemand anderes als die kleine Sophie aus der Karmelitenstrasse, die im selben Juliusspital als Krankenschwester arbeitete. Auch dem Dr. Schorschi kam die hübsche Krankenschwester bekannt vor und so fragte er sie, ob man sich von irgendwo her kenne. Da machte die Krankenschwester dem Doktor eine lange Nase und sofort wusste der Schorschi, er hat seine kleine Sophie aus der Kärrnergass' wieder getroffen. Aus dem beiden wurde ein Paar mit vielen kleinen Schorschis und Sophies und wenn sie nicht gestorben sind, dann ...

Übrigens diente diese nette kleine Geschichte einer bekannten Fernsehserie als Vorlage für dessen Bekanntheit. Sie wurde später in Hollywood verfilmt und hieß *„Emergency Room"*, mit *„Schorschi"* Cloony und *„Sophie"* Marceau in den Hauptrollen. *Aus der Kärrnergass'.*

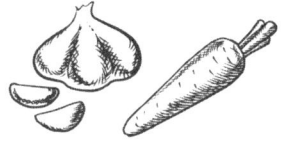

Zutaten:

1,5 kg	Rinderbrust ohne Knochen; vom Metzger mit einem Messer eine Tasche eingeschnitten
	Salz und Pfeffer
2	Brötli, kurz eingeweicht
4	Zwiebeln
2 Bund	Peterle
80 g	Butter
250 g	Bratwurstbrät *(entspricht zwee digge Bradwürschd)*
2	Eier
2 Bund	Suppegemüs'
1	Lorbeerblatt
1/4 l	Sahne
2 EL	Mehl
2 EL	Tomatenmark
1/8	Frankenwein
	Küchengarn

Vorbereitung:

Kaufen Sie Ihr Fleisch beim Metzger, sofern Sie das Glück haben und Sie haben einen solchen in der Nachbarschaft. Fragen Sie ruhig, von wo er das Fleisch bezieht. Er antwortet bestimmt: *„Vom Bauer!"* ... und das ist noch eine höfliche und umfassende Antwort für einen fränkischen Metzger. Ich erinnere mich noch an die Wirtin aus dem *„Alten Esel"* in Marktbreit. Eine nicht auf's Maul gefallene Mittdreißigerin und dem Charme einer Marktfrau. Sie erzählte mir einmal, dass sie einst den Gourmet-Papst Wolfram Siebeck, Gott hab ihm selig, zu Gast hatte und er ein Gericht mit Rindfleisch bei ihr bestellte. Er rief sie zu sich und fragte, woher sie das Rindfleisch beziehe. Sie antwortete, *„dass die Mutter des Rindes beim Bauer in Gnodstadt steht, der Geburtsurkunde leider verloren gegangen ist, aber sie kenne die Hebamme, die das Rind entbunden hat, die könne sie ja einmal fragen!"* Der Stern des Wolfram Siebeck ging an dem von mir sehr geschätzten fränkischem Wirtshaus vorbei und ward nimmer gesehen.

Ähnliches passierte mir einst auch in Arnstein. Ich fragte einst den Wirt vom *„Goldenen Engel"* in Arnstein, Alfred Weichsel, Gott hab auch ihn selig, wegen seines heiteren Gemüts auch *„der Grandlerwirt"* genannt, nachdem er mir ein Rumpsteak servierte, ob er mir freundlicherweise die Geburtsurkunde der Kuh zeigen würde oder mir zumindest die Schuhgröße nennen kann, von dessen Schuh das Steak stammt. Worauf von ihm ein *„leck mich am Oarsch"* folgte. Fränkische Wirtshausgemütlichkeit, die man schätzt.

Zubereitung:

1 Das Fleisch wird innen und außen gesalzen und mit zerstoßenem Pfeffer eingerieben. In eine Schüssel kommen 3 Zwiebel, geschält und gewürfelt, bitte in dieser Reihenfolge und nicht umgekehrt, 1 Bund Peterle gehackt, 1 EL Butter zerlassen, das Bratwurstbrät, die Eier und die eingeweichten Brötli und werden mit den Händen, bitte vorher waschen, durchgemengt oder wie der der Franke sagt durchgeknatscht.
Die Fülle in die Rinderbrust einbringen und diesselbe mit einem Küchenbendel vernähen, zur Not tut es auch ein Schubendel. Welche Technik sie dazu anwenden ist Wurscht, Hauptsache zu.

2 In einem, großen Topf gut 2,5, l Wasser mit 1 EL Salz , dem geputzten und gewürfelten Suppengemüse und der geschälten und gevierteltem Zwiebel aufkochen und die Rinderbrust darin einlegen. Noch das Lorbeerblatt und ein paar Pfefferkörner dazu und dann gut 1 Stunde köcheln lassen. Dann herausnehmen und abtropfen lassen. Den Backofen auf 220 Grad *(Umluft 200 Grad)* vorheizen.

3 In einem Bräter die restliche Butter leicht, bitte nur etwas erhitzen, sie darf auf keinem Fall schwarz sein, sonst wegschütten und nochmals anfangen, die Rinderbrust von allen Seiten vorsichtig anbraten. Die Sahne mit gut 1/4 l Kochsud mischen und über den Braten gießen. Dann den Braten 45 Minuten im Ofen garen. Herausnehmen und warm stellen.

4 Den Bratenfond durch ein Sieb passieren und aufkochen. Mehl, Tomatenmark und den Wein verquirlen und damit den Fond binden. Nochmals aufkochen und eventuell mit Salz und Pfeffer nachwürzen. Die restliche Petersilie hacken und in die Soße geben. Den Braten in Scheiben aufschneiden und mit der Soße begießen.

Dazu passen ideal „Halbseidene Klöß'" oder auch Nudeln. Kartoffeln tun es auch.

Mahlzeit!

*Ist die Braut nicht reich,
so hat sie doch ihr Mütterliches.*

Hochzeitsessen
Rindfleisch & Meerrettich

Das Essen und die Liebe – eine trügerische Geschichte, ebenso wie die Liebe und der Franke. Dass die Liebe durch den Magen geht, ist eine Volksweisheit und soll symbolisieren, dass das Sinnliche auch im Essen liegt. Ein Blick über den Tellerrand könnte da Einsichten bringen und vielleicht auch eine Erklärung.

Der Franzose liebt den Genuss und die Raffinesse. Er liebt die Erotik und spielt mit der Verführung, egal ob in der Mode, angefangen von raffinierten Dessous bis hin zu fantastischen Abendgarderoben, oder der Kunst, denken wir nur an die Göttinnen des Films, Brigitte Bardot, Catherine Deneuve und Sophie Marceau. Sie haben unsere deutschen Schauspielerinnen wie Marianne Koch, Ruth Leuwerik oder Maria Schell wie Heimchen am Herd aussehen lassen. Ob Literatur, Musik oder darstellende Kunst, immer haben die Raffinesse und das Sinnliche eine Bedeutung, wenn nicht gar die

Hauptrolle. Das setzt sich fort in der Haltung des Franzosen zum Essen und in der Kompliziertheit seiner Gerichte. Sie sind sehr aufwendig und meist auch zu Kompositionen mehrgängiger Menüs ausgedehnt. Wichtig ist nicht nur der Geschmack der Speisen, sondern auch das Arrangement der einzelnen Gerichte untereinander. Die Empfindungen des Gaumens sollen gleich einer musikalischen Komposition gesteigert werden, von einer Ouvertüre der Vorspeisen über einen ausgedehnten, opulenten Hauptgang bis hin zu einem furiosen Feuerwerk an Desserts. So ein Mahl kostet natürlich nicht wenig. Nicht umsonst gibt der Franzose ein Vielfaches mehr fürs Essen aus als der Deutsche. Wenn man mit Freunden oder Verwandten ausgeht, dann wird das Essen ein Ereignis. Es wird in geselliger Runde gelacht, gescherzt, gestritten und sich versöhnt.

Der französische Film *„Das große Fressen"* ist hierfür ein grandioses Beispiel. Er treibt den Genuss am Essen und in der Liebe auf die Spitze, sinnliche Lust verschmilzt mit fleischlichen Gelüsten. Für den Franken unvorstellbar? Vielleicht auf den ersten Blick.

Der Italiener ist zwar in Bezug auf das Gesellige dem Franzosen sehr ähnlich, auch was die Bedeutung des Essens in seinem Leben anbelangt. Jedoch mag der Italiener im Gegensatz zu den Franzosen mehr eine Mischung aus Verführung und Bodenständigkeit. Diese Ambivalenz kommt in einer einzigartigen Weise in den italienischen Filmen der sechziger Jahre mit Regisseuren wie Visconti, Pasolini, Fellini oder De Sica zum Ausdruck. Das Traumpaar dieser Generation waren Sophia Loren und Marcello Mastroianni:

er der leichtlebige Gigolo und sie der italienische Traum einer Frau, mit Schürze in der Küche vor dem heimischen Herd und im Schlafzimmer die verführerische Frau im schwarzen Dessous. Das Ideal des Mannes ist eine Frau wie zuhause die Mama und gleichzeitig verführerische Eva. Diese Philosophie erleben wir auch bei den italienischen Gerichten, die gleichzeitig einfach und raffiniert, lebhaft und fantasievoll sind. Jedoch ist die italienische Küche nicht so kompliziert wie die französische. Der Italiener bevorzugt das Leichte eines Gerichts und lässt den Zutaten mehr Eigenleben im Geschmack. Antipasti, Pasta, Contorni und Dolce werden in manchmal leicht abgewandelter Reihenfolge gereicht, dazu wird in Maßen Wein getrunken. Dabei geht es sehr lebhaft, für nordische Ohren vielleicht sogar lärmend zu, denn es ist für alle ein Fest mit Verwandten und Freunden. Für den Franken unvorstellbar? Vielleicht auf den ersten Blick.

Betrachten wir ihn doch nun einmal, den Franken, und seine Einstellung zu Liebe und Erotik. Nicht dass der Franke weniger triebgesteuert wäre als ein Italiener oder die Fränkin weniger verführerisch als eine Französin, wenn da nur nicht der verflixte Katholizismus wäre, der dies, in aller Öffentlichkeit zur Schau gestellt, verböte. Nächstenliebe bezieht sich da nur auf gute Taten, Liebe gibts möglichst nur platonisch, am besten nur zum lieben Gott, und Fortpflanzung geht nur in der Ehe. *„Von weeche"*, sagt sich der Franke beziehungsweise die Fränkin und umgeht das Verbotene mit List und Humor.

Glauben Sie mir, lieber Leser, es wird im Frankenland nicht weniger *„nebenausgegange"* als in Italien oder Frankreich, wie ich in meinem Leben sowohl in der Stadt wie auf dem Land nicht selten beobachten konnte. Denn gerade im Verbotenen liegt das Verführerische. Ich kannte einen „Gockel", der zum einen die Frau eines Weinhändlers, zum anderen auch die eines Notars bestiegen hat, ganz abgesehen von seiner eigenen Frau, und deshalb als *„der Doppeldecker"* stadtbekannt war. Als Vorsitzender eines Reitvereins habe ich mitbekommen, dass nicht nur auf dem Turnierplatz geritten wurde.

Ein aktuelles Beispiel nicht enden wollender Verführung: Bis ins hohe Alter führt man das tägliche Schauspiel des Brückenschoppens auf der Alten Mainbrücke in Würzburg auf. Auf der Flaniermeile vor den Weindegustationsläden reihen sich die Damen und Herren. Das Äußere gleicht dem eines jugendlichen Beau oder Mannequins, der Träger oder die Trägerin ist der Hülle jedoch um Jahrzehnte enteilt. Mit weingeschwängertem Blick sieht Mann sehnsüchtig den jungen Mädchen nach, die vorbeiflanieren. *„Lieber Kilian, du nahmst mir das Können, nimm mir bitte auch das Wollen!"*

Die Liebe, eine unendliche Geschichte. Ob in der Kunst, der Literatur, der klassischen oder populären Musik, sie ist immer wieder das große Thema. Ich versuche dieses Phänomen beim Franken und bei der Fränkin zu erkunden, indem ich ihre Haltung in Sachen Liebe in ihrem Humor suche. Ich finde, dass sich im Humor viel Charakteristisches und Wesensartiges widerspiegelt. Wie liebt der Franke oder die Fränkin? Sicherlich nicht weniger verführerisch, nur manchmal halt praktischer.

Sein zartes Liebeswerben um die Angebetete vollzieht sich eher schüchtern, ganz im Sinne der Romantik. Ein Beispiel:

Ein Würzburger saß neben einer Würzburgerin auf der Bank im Hofgarten der Residenz. Mann sagte nichts, Frau sagte nichts und so gab ein Wort das andere. Die Sensibilität des Franken ist sprichwörtlich, seine Rücksicht auf das andere Geschlecht geradezu vorbildlich. Bei ihr in den eigenen vier Wänden wurde nach dem Kennenlernen im Hofgarten Schampus getrunken. Als die Stimmung stieg, begann die Frau sich auszuziehen. Das war der Moment, wo der Mann bemerkte, dass sie müde wurde. Da ging er nach Hause.

Was die Kunst der Verführung angeht, steht die Fränkin der Französin oder Italienerin nicht nach. Um ein in die Jahre gekommenes eheliches Liebesleben aufzufrischen, hat sie sich im Dessousladen vom *„Graf"* ein schwarzes Negligé gekauft. In diesem kommt sie des Abends zur Überraschung des im Bett liegenden Ehemannes aus dem Badezimmer, worauf dieser fragt, ob etwas mit der Oma passiert sei.

Doch auch der Franke weiß die Sinnlichkeit seiner Ehefrau zu schätzen. In einem Vier-Augen-Gespräch unter zwei Würzburgern erkundigt sich der eine, ob seine Frau auch so schreien würde, wenn sie kommt. Worauf der andere dies verneint und darauf hinweist, dass sie immer einen Schlüssel dabeihat.

Verführung ist eine geschätzte Kunst im fränkischen Ehebett. Auf die laszive Frage einer fränkischen Ehefrau, woran der über ihr liegende Mann wohl gerade denken würde, entgegnet dieser höflich, dass sie diese sicher nicht kennen würde.

Auch die katholische Geistlichkeit bleibt von der Fleisch gewordenen Liebe nicht verschont. Während einer Visitation des Pfarrhauses einer Winzergemeinde blickt der Bischof in das Schlafzimmer des Pfarrers und sieht dort ein Doppelbett stehen.

Auf seine neugierige Frage, wer denn darin schliefe, entgegnet der Pfarrer, dass er links im Bett schläft und seine Köchin auf der rechten Seite. Man habe aber vorsichtshalber in die Mitte, übers Gräbele, ein Brett gelegt. Auf die weitere Frage, was er zu tun pflege, wenn die Lust über beide käme, entgegnet dieser, dass man dann das Brett wegnehmen würde.

Pragmatismus bestimmt das fränkische Eheleben bis zum Ende. Ein im Sterben liegender Winzer erbat von seiner Frau, sie möge ihm eine Weinprobe seiner besten Tropfen aus dem Keller holen. Nach dem sechsten Gang verweigerte sie weitere Botengänge mit dem Hinweis, er solle gefälligst selbst gehen, da er doch morgen im Bett liegen bleiben könne.

Welche Erkenntnisse kann man aus diesem turbulenten, von Erotik und Sinnlichkeit sprühenden Miteinander von Franken beiderseitigen Geschlechts ziehen, die sich auch in der heimischen Kost wiederfinden?

Sicherlich die, dass der Franke und die Fränkin schnell zur Sache kommen, ohne Umschweife, ohne großen Aufwand und besondere Raffinessen.

Für die Fränkin muss Mann Mann sein, ein Rindfleisch muss kernig sein, ein Schäufele knusprig und Schnickerli müssen abgesehen vom Hund nicht jedem schmecken. Für den Franken soll die Frau gradnaus sein, Meerrettich soll in der Nase bitzeln, Bärlauch nach Knoblauch stinken, Klöß Assoziationen wecken und Apfelküchle mit Weinschaumsoße so schmecken, dass man sich am liebsten dazulegen möchte. Also es soll praktisch sein, nichts soll von der Sache ablenken und es soll satt machen.

Sparsamkeit ist nicht die Sache eines fränkischen Essens. Das Barocke wird erkennbar in der Üppigkeit der Speisen. *„Lieber den Hals verrenkt, als dem Wirt was gschenkt"* ist das Gegenteil von *„den Kitt vom Fenster fress".*

Bodenständigkeit, Ehrlichkeit und Überfluss sollen sich im Essen widerspiegeln. Unter diesem Motto spielt sich auch eine Bauernhochzeit ab. Gegessen wird in der örtlichen Wirtschaft. An einer langen Tafel treffen sich das Brautpaar, rechts und links der beiden die Eltern und dann folgen Verwandte, Freunde und Honoratioren, vor allem der Pfarrer darf nicht fehlen. Die Essensfolge ist traditionell.

Vorweg gibt es eine Hochzeitssuppe. Diese besteht aus einer Rindfleischbrühe mit hühnereiergroßen Leberklößchen, taubeneiergroßen Markklößchen und obendrauf Schwimmerli aus Nudelteig.

Ist der Suppenteller leer, folgt in demselben reichlich gekochtes Rindfleisch mit selbstgemachten Bandnudeln, das alles wird von einer Meerrettichsoße bedeckt. Damit der Meerrettich einem nicht gar zu sehr in die Nase steigt, verleiht dem Ganzen ein Esslöffel Preiselbeerkompott eine süße Note.

An dieser Stelle wird ein auswärtiger Gast, der satt *„die Segel streicht"*, eines anderen belehrt. Ist der Suppenteller weggeräumt, wird erst richtig aufgefahren. Auf einer großen Platte werden Rinderbraten, Schweinelendchen und Schäufele aufgetischt. Berge von selbstgemachten Klößen flankieren die Fleischgenüsse und dazwischen stehen Schüsseln mit nach Nelken und Zimt riechendem Blaukraut und Wirsing mit Kümmel. *Damit das Ganze gut nunnerrutscht, noch e Soß!* Ein gut gelaunter Gast hebt das Glas Frankenwein und ruft: *„Stell dir vor, des Käppele wär e Kloß und die Festung e dicker Schunke, der Mee wär die Soß, die könnst schö neigedunke – prost!"*

Damit die Speisen im fränkischen Magen auch gut ankommen, werden Wein und Bier in großzügigen Maßen getrunken. Um der Verdauung noch beiseitezustehen, unterstützt man diese mit einem guten Obstbrand, bevorzugt einer heimischen Zwetschge oder einem Obstler.

Zu guter Letzt folgt noch eine süße Nachspeise. Apfelküchle oder Kartäuserklöß schwimmen in einer Vanille- oder Weinschaumsoße. Versoffene Jungfern oder ein gutes Kompott aus heimischen Kirschen oder Birnen sind ebenso traditionell.

Wer jetzt glaubt, dass dies alles gewesen sei, der wird mit Kaffee und Kuchen eines Völleren belehrt. Wagengroße Kuchen, ein Käseblootz oder Apfelblootz, nehmen die Hälfte der Festtafel ein, und glauben Sie es mir, auch diese werden nicht verschmäht.

Damit auch Sie, liebe LeserInnen, Lust auf ein fränkisches Hochzeitsessen oder sogar aufs Heiraten bekommen, finden Sie hier mein Rezept für Rindfleisch in Meerrettichsoße mit selbstgemachten Nüdeli.

Mahlzeit!

Zutaten für Zwää:

's Flääsch:

500 g	besten Tafelspitz vom Bio-Rind
1 Bund	Suppengemüs *(also 1–2 Gelbe Rübli, e Stück Sellerie und wenig Porree, nur das Weiße davon, zwää Lorbeerblättli)* Salz
1 TL	Pfefferkörner

Zubereitung Flääsch:

1 2 Liter Wasser mit dem geputzten und klein geschnittenen Gemüse, den Pfefferkörnern und einer guten Prise Salz zum Kochen bringen.

2 Dann das gute Stück Fleisch hineinlegen und nicht mehr kochen lassen. Das Ganze lässt man dann 1,5–2 Stunden bei halb geschlossenem Deckel heiß blubbern, nicht kochen.

Zubereitung Soß:

1 Zuerst wird unter Tränen und mit vielen Taschentüchern die Stange Meerrettich in eine Schüssel fein gerieben. In einem Topf lässt Mann die Butter zergehen und bestäubt sie dann mit dem Mehl. Die Einbrenne kurz erhitzen und dann unter Rühren langsam – Vorsicht, Klumpenbildung! – Zuerst die Milch und dann den Meerrettich einrühren.

Die Soß:

75 g	Butter
1 EL	Mehl
1/4 l	Milch
1/2 l	Rinderbrüh'
	Muskatnuss
2 Stangen	Meerrettich *(Kren)*
1 Packung	Taschentücher

2 Dann mit einer Schöpfkelle nach und nach Rinderbrühe hinzufügen und zwischendurch immer mal abschmecken, bis die Soße eine angenehme Schärfe hat. Mit Salz und einer Prise geriebenem Muskat abschmecken.

Fertig ist die Soß!

Zubereitung Nüdeli:

1 Das Mehl mit einer Prise Salz und der Eimasse mit einem Handkneter vermengen, bis es ein Teig geworden ist. Dann mit den Händen nochmals richtig durchkneten und eine gute halbe Stunde ruhen lassen.

Selbstgemachte Nüdeli:

200 g	Mehl
2	ganze Eier
2	Eigelb
1 Prise	Salz
	Semmelbrösel
	(kee Weckmehl)
	Butter

2 Auf einem mit Mehl bestäubten Tisch den Teig mit einem Nudelholz rechteckig ausrollen und auf ein trockenes Küchentuch legen. An einer warmen Stelle eine gute Stunde trocknen lassen.

3 Dann wird der Teig in schmale Streifen geschnitten und in kochendem Salzwasser 1–1,5 Minuten kurz gekocht. Danach mit kaltem Wasser abschrecken und abtropfen lassen. Abschließend werden die Nudeln in einer Pfanne mit ausgelassener Butter geschwenkt und mit selbstgemachten Semmelbröseln bestreut.

Auf dem Teller wartet schon der in Scheiben geschnittene Tafelspitz. Dazu werden die Nudeln gelegt und beides mit etwas Krensoße bedeckt. Dann noch ein, vielleicht auch zwei Löffel Preiselbeeren und fertig ist das Hochzeitsessen.

*Das Herz einer Sau, der Magen einer Sau,
der Inhalt einer Worscht, bleibt ewich unerforscht!*

Schlachtschüssel
Grobe Leberwurst

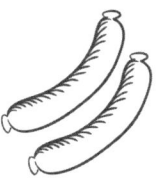

Ich entstamme aus einer Metzgerfamilie. Mein Vater Ewald war Metzger und sein Vater Wilhelm auch. Und sein Vater und alle anderen Vorfahren nach der Erzählung meines Vaters auch. Schlesische Metzger aus dem kleinen Ort Ziegenberg bei Kattowitz, der später polnisch Koslowagora hieß. Wer schon einmal schlesische Wurst gegessen hat, der weiß wie sich das Schlaraffenland anfühlt. Rohe Polnische, Krakauer, Semmel- und Graupenwürste, Weihnachtsbratwürste, Knoblauchwürste, Wienerle, Göttinger und Rindswürste. Sie alle hingen von Bäumen und Dächern im Schlaraffenland und darunter lagen die faulen Schlemmer mit aufgedunsenen Bäuchen. Ich hatte das Glück in so einem Schlaraffenland aufzuwachsen. Noch heute habe ich diesen unvergesslichen, einzigartigen Geruch in der Nase, so wie er nur in einer Wurstküche zu finden ist. Es riecht nach fetten, feuchten Dampf, nach würzigen, holzigen Rauch, nach Gewürzen wie Muskat und Majoran – wunderbar!

Oft stand ich mit meinem Vater am Tisch in der Wurstküche und durfte die Füllmaschine mit dem Wurstbrät langsam und bedächtig bedienen, während mein Vater in den auf die Einfüllröhre der Füllmaschine gestülpten Wurstdarm die Wurstmasse einfüllte. Glitschig und feucht ringelte sich der gefüllte Wurstdarm auf den Tisch und mein Vater formte mit geschickten Drehbewegungen den Wurstdarm zu gleich langen Würsten. Die runden Wurstgringel wurden dann von mir auf einen Holzstecken aufgezogen und in die dampfende Räucherkammer gehängt. Das größte Glück erlebte ich dann beim Herausnehmen der geräucherten Würste aus dem „Rauch". Frisch geräucherte Wienerle oder rohe Polnische sind ein Geschenk des Himmels, ein Biss in die noch warme Wurst ein Fest der Sinne.

Nicht unerwähnt sollte aber bleiben, dass ein Metzger und sein Umfeld Wurst und Fleisch in Hülle und Fülle hatten, aber seine heimliche Leidenschaft gilt dem Bäcker und seinen Backwaren. Kuchen und Gebäck waren stets im unserem Haus und keine Süßigkeit erreichte die Hälfte des Haltbarkeitsdatums. Dieses ambivalente Leben gilt umgekehrt auch im Leben des Bäckers zum Metzger. Bäcker lieben Wurst und Fleisch. Ich kann das gut nachvollziehen. Wenn ich Dessert zubereitet oder Marmelade gekocht habe, dann gehört hinterher ein Scheibe Wurst dazu, bei Marmelade aber auch gerne ein Williams oder eine fränkische Zwetschge.

Zurück zu der archaischen Welt der Wurstküche. In Zeiten europäischer Vorschriften zu hygienischen Gesetzen und Automatisierung von Arbeitsabläufen gehören solche romantischen Eindrücke meiner Kindheit für immer der Vergangenheit an. Geschlachtet wird jetzt in großen Schlachtzentren und die geschlachteten Tiere kommen meist zerlegt in großen Wurstsfabriken an. Der traditionelle Metzger stirbt aus, leider. Man sieht es vor allem in den Städten.

In meinem Viertel, der Sanderau gab es in den 50er Jahren in unserem Stöckle, so heißt ein Häuserblock in Würzburg, sage und schreibe 4 Metzgereien: den Schäfer, den Meder den Naser und unsere Metzgerei Mainka. Den Naser gibt es noch als einzigen Metzger im ganzen Stadtteil Sanderau.

Und wie sieht die Realität heute aus? Die in der Stadt befindlichen und noch existierenden Metzgereien kann man an fünf Finger abzählen. Ich habe mir mit einem Metzgermeister der alten Schule einmal die Mühe gemacht und noch alle Metzgereien im Stadtgebiet aufgezählt – keine zehn! Stattdessen kauft der Kunde seine Wurstwaren und sein Fleisch an langen, Neon beleuchteten Theken im Supermarkt. Eine Wurst- und Fleischabteilung in Supermärkten hat genauso viel gemein mit einer Metzgerei wie ein Zoo mit Afrika.

Es gibt jedoch noch Ereignisse, die, wenn man sie sucht und findet, noch einem die Zeit einer alten Tradition und den eines alten Standes der Metzger erleben lässt: die Hausschlachtung mit einer Schlachtschüssel. Wann immer man die Gelegenheit hat an einem Schlachtschüssel-Essen teilzunehmen, sollte man die Gelegenheit ergreifen. Sie werden auf dem Land meist in örtlichen Vereinen abgehalten. Der Hausmetzger hat dort noch Tradition.

Die Bauern hielten sich früher für ihren Eigengebrauch ein bis zwei Schweine, je nachdem wir groß die häusliche Familie war. Sie brachte dann über dem Winter Wurst und Fleisch für die ganze Familie.Ich habe einige Jahre in Gänheim im Werntal gelebt und noch die alte Tradition der Sauhaltung und Hausschlachtung in meiner Nachbarschaft miterleben dürfen. Im Frühjahr kaufte man sich auf dem Säulesmarkt in Arnstein, der seinen Namen heute immer noch trägt, ein oder zwei Ferkel. Das Schwein wurde dann im Stall überm Hof gehalten und alles, was das tägliche Essen übrig ließ an sie verfüttert. Im Herbst war dann aus dem Ferkel eine stattliche Sau geworden. Ging es auf dem November oder Dezember zu, dann kam die Zeit der Hausschlachtung und der Hausmetzger. An einem grauen und schon leicht kaltem Samstag im November wurde dann früh die Sau aus dem Stall geholt und auf dem Hof verbracht. Namenlos und unromantisch war ihr Ende. Der Metzger hielt den Bolzenschussapparat an die Stirn der Sau – Bätsch-hien war sie! Da lag sie. Jetzt ging alles ganz schnell: Die Sau wurde „*abgestochen*", das Blut wurde in einer Schüssel aufgefangen und die Bauersfrau verbrachte es in die Küche, wo es dann unter ständigem Rühren am Gerinnen gehindert wurde, war es doch die Grundlage einer Blutwurst!

Der Bauer und der Hausmetzger schleiften die nunmehr leblose Sau zu einem „*Geldern*", einer Holzwanne, und hoben sie mit vereinten Kräften hinein. Die Bauersfrau bracht in Eimer brühendes Wasser und übergoß sie damit. Bauer und Metzger schabten mit einer „*Schelle*", wie man das glockenförmige Teil nannte, die Borsten der Sau ab, drehten sie dabei rundherum und arbeiteten wie um die Wette. Nunmehr wurde die Sau mit Hilfe eines Flaschenzug, der am Türbalken des geöffneten Scheunentors hing, hochgezogen und festgezurrt. Der Metzger schlitzte mit einem kurzen scharfen Messer von oben nach unten den Bau des Schweines auf und heraus quollen die noch warm dampfenden Innereien, bläulich, grau und feucht schimmernd. Herz, Leber und Lunge wurden zur Seite an einem Haken aufgehängt; die Därme wurde von der Bauersfrau abgeholt, die sie dann in der Küche fein säuberlich unter Wasser reinigte und so die Grundlage für die Würste, die Wurstdärme zubereitete.

Zwischenzeitlich kam dann der Fleischbeschauer und, nachdem er die Innereien nach Trichinen und Krankheiten untersucht hatte, drückte er dann mit kleinen Stempeln sein bläuliches Einverständnis auf Leber, Lunge, und Schenkel. Diese anstrengende Arbeit Mühe wurde ihm mit zwanzig Mark und einem Schnaps belohnt.

Die Sau wurde dann in zwei Hälften mit einem *„Spalter"* zerhackt und hing dann wie zu einer Vorlage eines mittelalterlichen Gemäldes am Scheunentor und kühlte aus. Zeit für einen warmen Kaffee und Kuchen in der Küche. Den hatte die Bauersfrau schon am Tag vorher zubereitet, Käseplootz oder Öpfelplootz mit Streusel, groß wie Autoreifen! *Es geht nees über was süaß zur Sau!*

Dann wurde die Sau zerlegt. Schinken für den Rauch wurden gepökelt und einige Zeit, meist ein paar Tage gelagert, bevor sie in den Rauch kamen. Schnitzel und Filet wurden früher mit Gläser eingekocht, später für die Kühltruhe portioniert. Die Reste der Sau und zwar alles, einschließlich der Rüssellöcher wurden verschafft. Das restliche Fleisch, die Schwarten, der Kopf mit den Bäckli im Kessel gekocht. Ebenso die Nierli und das Züngle. Die Leber wurde roh für die Leberwurscht durch den Wolf mit kleiner Scheibe gedreht. Aus dem Kessel wurde dann das Fleisch und die Schwarten von dem Hausmetzger, dem Bauer und weiteren Familienmitgliedern klein geschnippelt und dann zur Wurst verarbeitet. Dies geschah in einer Wanne oder Holzbottich wo die Zutaten mit Gewürzen, Pfeffer, Salz, Muskat, Majoran und frischen Kräutern wie Peterle und Schnittlauch aus dem heimischen Garten vermengt wurden. Das Einfüllen der Wurstmasse in die von der Bäuerin zwischenzeitlich gereinigten Därme erfolgte mittels eines Trichters in die Därme. Gefüllt mit Wurstmasse wurden sie dann im Kessel gekocht und anschließend in den Rauch gehängt. In diesem klimmte rauchig das Sägemehl und verbreitete einen würzig, angenehmen Geruch.

Räuchern ist die älteste Anwendung zur Haltbarmachung von Lebensmitteln. Seit dem 10. Jahrhundert gibt es in Häusern Schornsteine, die sich in der Küche offen über dem Herd befanden. Meist waren es große Rauchfänge, in denen die Schinken und Würste aufgehängt wurden. Später wurden dann meist in ländlichen gebieten auf dem Dachboden Räucherkammern gebaut, deren Abzug in den Hauskamin anschlossen. Ich besaßen einmal ein altes Bauernhaus in Schmerbach im Hergottstal und erinnere mich noch heute mit Freude und Wehmut an die Räucherkammer auf dem Dachboden. So mancher Schinken wurde damals von mir und meinem damals schon hochbetagten Vater in den Rauch gehängt und nach einigen Wochen herausgenommen. Ein wahrer Genuss.

In unserer Metzgerei wurde meist heiß geräuchert, das heißt das Sägemehl, meist feines Buchenmehl, wurde mittels einer Gasflamme rechts und links während des Räucherns verbrannt. Das Heißräuchern wird meist von Metzgereien zum schnellen Räuchern der Schinken und Würste verwendet, was allerdings eine kürzere Haltbarkeit bewirkt. Auf dem Land wird kalt geräuchert. Dabei wird in der Räucherkammer das Mehl kurz angezündet und dann nur zum Klimmen gebracht. So erreicht es nur eine geringe Temperatur von ca 25 Grad, die Leber- und Blutwürste, sowie Schinken können so einige Woche darin verbleiben. Das Kalträuchern verstärkt das Aroma und die Würste und Schinken halten sich danach monatelang in der kühlen Speisekammer.

Mittelpunkt der Hausschlachtung war der Kessel. Er wurde schon vor dem Schlachten angeschürt, denn das Wasser musste fürs Schlachten heiß sein. Der Kessel selbst war auch der Quell aller Genüsse für die Bauersfamilie, sämtliche Verwandten und Nachbarn im Ort – für die Kesselsupp'! Es gibt keine Hausschlachtung ohne eine Kesselsuppe. Schon am Vormittag kommen die Kinder der Nachbarn und fragen auf Geheiß der Eltern: *„Wann gibt's Kesselsupp'?"*

Ich erinnere mich noch an die Kunden in unserer Metzgerei wenn Schlachttag war, immer Dienstag. Dann kamen sie oder deren Kinder mit einem Aluminiumkanne und fragten nach Kesselsupp'! Die war nämlich kostenlos und die

Grundlage für eine schmackhafte, kräftige Suppe zuhause. Die wässrig helle Brühe, auf deren Oberfläche sich Fettaugen und Bröckeli geplatzter Wurst in trauter Zweisamkeit sich vereinten, wurde dann am heimischen Herd nachgewürzt und mit einer selbst gemachten Suppeneinlage aus Nudelteig, aus dem sogenannte Schwimmerli mit einem Kaffeelöffel gestochen wurden, aufgewertet.

Jetzt war bei der Hausschlachtung die Zeit zu einem Schnaps gekommen! Bis dahin hatte der Bauer und der Hausmetzger schon einige Portionen Kesselfleisch und mehrere Kostproben der verschiedenen Wurstfüllen verkostet, mit einem, meist zwei Schlucken hausgemachten Öpfelmoscht, dem Wein des kleinen Bäuerle. So ein klarer Zwetschgenschnaps macht den Magen frei für ein herzhaftes Schlachtschüssel-Essen, was jetzt als verdienter Höhepunkt des Schlachttages und Abschluss anstand.

Die Bäuerin hatte den Küchentisch schon frei geräumt um den sich nacheinander alle einfanden, die bei der Hausschlachtung beteiligt waren. Auf dem blanken Tisch wurden Gläser und der gefüllte Krug mit Apfelmost und eine Flasche selbst gebrannten Zwetschgenschnaps gestellt. Mit Messer und Gabel wurden die Plätze festgelegt und jeder wurde mit einem Häufchen Salz und Pfeffer markiert. Saßen alle an ihren Plätzen kam zuerst das fette Kesselfleisch, jeder erhielt ein Stück auf den blanken Tisch, schnitt sich einen guten Bissen ab und streute etwas Salz und Pfeffer drauf. Kam der Postbote vorbei rief der Bauer: *"Hast Hunger? Geh, hock dich her!"*, was dieser sich nicht zweimal sagen ließ.

Oft wurde auch der Lehrer und der Pfarrer zum Schlachtschüssel-Essen eingeladen, ging es doch auch darum die Noten der Zöglinge und das Seelenheil zu verbessern. Nach dem Kesselfleisch kamen dann die Leckerbissen: Bäckli, Nierli und Züngle. Abschluss jeden Gangs war natürlich der Magenputzer, ein Gläschen Zwetschgenwasser. Nicht genug der Völlerei folgten dann die Würste begleitet von einer Schüssel dampfenden Saukrauts und Kartoffelbrei. Die im bläulichen Darm schimmernden Leber- und Blutwürste wurden aufgeschnitten und mit dem Kartoffelbrei vermengt gegessen. Die bei dem Essen vereinnahmte Kalorienzahl hätte jeden von ihnen gereicht ohne weitere Nahrungszunahme über den Winter zu bringen. Stattdessen freute man sich schon über die nächste Hausschlachtung!

Stellvertretend für alle bei einer Hausschlachtung hausgemachten Wurst möchte ich das Rezept für eine grobe Leberwurst vorstellen. Es ist leicht nachzumachen und anstatt der Därme kann man kleine Marmeladengläser verwenden. Probieren sie es ruhig einmal aus, sie werden keine Leberwurst aus dem Supermarkt mehr kaufen!

Zutaten:

1 Kilo	Schweinefleisch vom Bauch *(Bio)*
500g	Schweineleber *(Bio)*
500 g	Metzgerzwiebeln – die dicken, großen
	Salz, Schwarzer Pfeffer, Muskat
	Majoran, getrocknet

Zubereitung:

1 Das Schweinefleisch schneide ich in kleine Würfel, pi mal Daumen 2-3 cm. Dann koche ich sanft die Würfeli in wenig gesalzenem Wasser, lasse sie abtropfen und stelle sie beiseite.

2 Die Leber schneide ich in Scheiben und brühe sie im gleichen Wasser, das heißt 1-2 Minuten im heißen, nicht kochendem Wasser ziehen lassen.

3 Die Metzgerzwiebeln werden gewürfelt und in Schweinefett glasig gedünstet, ohne dass sie braun werden.

4 Als angehender Metzger habe ich mir einen Fleischwolf angeschafft. Ein solches Gerät gibt es auf dem Flohmarkt oder bei Manufactum noch im Handbetrieb, welches an der Tischkante mittels Flügelschraube befestigt und mit einer Handkurbel bedient wird. Das gleiche Gerät gibt es zwischenzeitlich auch als moderne, vollautomatische Ausführung. In den Wolf baue ich eine mittelfeine Scheibe ein und dann lasse ich alle Zutaten, Fleisch, gewürfelte Leber und Zwiebel durch den Wolf. Die Rohmasse menge ich mit meinen Händen in einer Schüssel durch und anschließend wird gewürzt. Etwas Salz und den in einem Mörser mittel Holzklöppel klein gestoßenen Pfeffer – was für ein Duft dieser mit seinen ätherischen Ölen verbreitet! – wird eingestreut. Ich nehme für den Mörser bei Pfeffer immer den Holzklöppel, der aus Marmor ist dafür nicht geeignet, den nehme ich für Knoblauch und verwandte.

5 Mit einer Reibe wird eine Muskatnuss über die Masse gerieben – es riecht nach Orient! Dann noch den Majoran drüber, getrocknet und zwischen den Handbällen zerrieben, auch erlässt sich mit seinem Duft nicht lumpen! Das Ganze wird mit den Händen in der Schüssel durchgemengt. Gute, alte Handarbeit.

6 Was das Würzen anbelangt habe ich alle Freiheiten, und die nehme ich mir auch. Ich probiere mit dem Finger die Wurstmasse – etwas Salz fehlt, vom Pfeffer ist genug drin! Muskat, der versteckt sich noch, also 5–6 mal darüberliegende. Der Majoran kann auch noch etwas vertragen.
Nur nicht zu zaghaft beim Würzen, sonst schmeckt es wie *„eingeschlafene Füß'"*! Ich mag es eher würzig, die Leberwurst muss herzhaft auf dem Bauernbrot schmecken. Also nur nicht ängstlich sein.

7 Die Wurstmasse wird dann auf dem Herd ca. 20 Minuten sanft gekocht, ab und zu mal um gerührt. Ein Teil der fertigen Leberwurst wird beiseite gestellt und anschließend mit selbst gemachten Sauerkraut und einem von Butter strotzendem Kartoffelbrei verschnabulliert. Mit einem kaltem Bier dazu feiere ich mein kleines Schlachtfest!

Die übrige Wurstmasse wird in die schon in heißem Wasser abgebrühten Marmeladengläser gefüllt und abgekühlt. Das reicht für die nächste Woche zu einem guten Abendbrot mit Leberworscht auf Bauernbrot und einem kühlen Bier.

Sauer macht lustig.

Sauerkraut
oder Surekrut

Das fränkische Nationalgericht schlechthin ist Bratwurscht mit Kraut, keine Wirtschaft, keine Weinstube ohne den Klassiker. Das Kraut steht bei diesem Gericht gleichberechtigt neben den Würsten. Diese müssen außen kross und braun gebraten sein und innen pforztrocken. *„Des Kraut g'hört mehrmals aufgekocht, kee Spur Vitamin derf mehr drinn sei"*, so liebt es der Franke.

Sauerkraut kommt für den Mainfranken aus Unterpleichfeld *(fränkisch: Unner-Bleffeld)*, aus der Sauerkrautfabrik vom Bötsch. Fährt man von Würzburg nach Schweinfurt über die B8 so führt der Weg man kurz nach Kürnach *(fränkisch: Kürni)* aufwärts auf die fränkisch Platte, die sich rechts und links des Maintals erstreckt. Sie ist bekanngt ist für ihre Lößböden, beste Ackerqualität und ehemalige, fruchtbare Mainlande. Zu beiden Seiten der Straße erstrecken sich die Kohlfelder, Weißkohl und Rotkohl soweit das Auge reicht. Und das wird beim Bötsch zu Sauerkraut verarbeitet. Sauerkraut ist durch Milchsäure vergärter Weißkohl und gehört international zu den bekanntesten deutschen Gerichten. Was heißt schon international, nein, weltbekannt ist unser Sauerkraut! So berühmt, dass die Amerikaner uns Deutsche sogar danach benannt haben mit den schmeichelhaften Ausdruck *„die Krauts"*. Bei denen allerdings ist das Sauerkraut überhaupt nicht bekannt, man sucht es vergeblich in den Staaten, vielleicht findet man es hier und da in deutsch-amerikanischen Restaurants.

Apropos Amerika und Franken. Gleich neben Unterpleichfeld liegt die Gemeinde Rimpar, bei uns nur *„die Mäurer"* genannt, da fast jeder zweite Rimparer Maurer war oder es noch ist. Dort lebte und wirkte in der ersten Hälfte des 19. Jahrhunderts der Viehhändler Abraham Löw Lehmann, dessen Söhne Henry, Mayer und Emmanuel Lehman zwischen 1844 und 1850 nach Amerika emigriertem. Dort gründeten sie nach dem Bürgerkrieg ein Handelsgeschäft mit Baumwolle und später die Lehman Brother Bank, deren Schicksal durch die Bankenkrise besiegelt wurde. *Ja, die Rimberer, man soll's nit mein!*

Ich erinnere mich bei dieser Gelegenheit an eine lustige Nachtwächterführung mit einer kleinen Familiengesellschaft. Es waren einheimische Franken aus dem Würzburger Umland. Anlass für die kleine Familienfeier waren ein verwandtes Ehepaar, die zu Besuch in Würzburg waren. Er stammte aus Rimpar, hieß aber nicht Lehmann. Während der Führung erzählte mir der ältere Herr, dass er in den Fünfziger

Jahren nach New York ausgewandert sei. Dort habe er auch später seine Ehefrau kennengelernt. Er stand eines Tages, so erzählte er, an einer Straßenkreuzung und wartete auf das Fußgängerlicht der Ampel. Neben ihm stand ein junges Mädchen und zur Überraschung sprach sie deutsch. Man ist ins Gespräch gekommen und dann stellte sich heraus, dass sie aus Franken kam und zwar – aus Rimpar! *„Die hab i sofort geheiert!"* Was für ein happy end für zwei Rimperer.

Back to the Kraut. Sauerkraut ist nicht Sauerkraut. Der Franke liebt es würzig und sappig. Ein fataler Fehler ist es, wenn man es frisch aus der Dose nur erwärmt. *„Des kannst der Hühner gäb".* Nein, das Kraut muss seine fränkische Note bekommen, vielleicht noch angereichert mit etwas Soße vom Sonntagsbraten.

Damit der Franke geschichtsbewußt sein kann, dass sein Sauerkraut eine lange Tradition hat möchte ich ein Rezept für Sauerkraut aus dem 14. Jahrhundert anempfehlen, in dem schon alles drin ist, was auch heute noch ein gutes Sauerkraut ausmacht.

Mahlzeit!

Zutaten:

1	Kilo Sauerkraut, *(wenn möglich frisch)*
2	Zwiebeln
4–5 EL	Schmalz
4–5	Wacholderbeeren, *(mit der Gabel etwas angedrückt)*
2 EL	Honig
3	Äpfel *(Boskop)*
1/2	Schoppen Frankenwein nach Wahl
	Salz
	Pfeffer, *(schwarz und im Mörser grob geschrotet)*
250 g	Schinkenspeck in Scheiben

Zubereitung:

1 Die gehackten Zwiebel lasse ich im Schmalz bei mäßiger Hitze glasig dünsten. Das gut abgetropfte Sauerkraut wird luftig mit einer Gabel oder mit der Hand zerrupft und dann auf die Zwiebel gelegt. Dazu obendrauf die Wacholderbeeren und den Honig. Den geschlossenen Topf bei leichter Hitze, Vorsicht wegen Anbrenngefahr, ungefähr 20 Minuten schmoren lassen.

2 Danach mit dem Kochlöffel leicht umrühren und nachsehen, ob sich nichts angesetzt hat. Dazu kommen jetzt die geschälten und in Schnitzel geschnittenen Äpfel, der Wein und das ganze wird mit Salz abgeschmeckt. Die Schinkenscheiben kommen obendrauf. Deckel drauf und nochmals 30 Minuten schmoren lassen.

3 Danach schmecke ich nochmals mit geschrotetem Pfeffer, etwas Salz und vielleicht noch etwas Honig ab und serviere es in einer rustikalen Schüssel auf dem Tisch. Die Bratwürscht warten schon.

*Iss, was du magst
und leide, was du musst.*

Schnickerli
Innereien

Wer es sich im Leben einfach machen will mit seinem Menschenbild, der teilt seine Mitmenschen in *„entweder – oder"* ein, wie zum Beispiel schwarz oder weiß, gut oder böse, klein oder groß und so fort. Auch beim Essen kann man es sich einfach machen, viel oder wenig, süß oder sauer und, daher die Vorrede, in solche Zeitgenossen, die Innereien mögen oder nicht.

Das Außergewöhnliche daran ist, dass es ein dazwischen nicht gibt: entweder man mag Innereien – oder nicht! Ich vermute, dass der eigentliche Grund dafür ist, dass manche oder vielleicht sogar die meisten Menschen Innereien nicht wegen des Geschmacks ablehnen sondern wegen der bildlichen Vorstellung, man esse Innereien. Zugegeben, als Sohn eines Metzgers ist die Hemmschwelle genetisch bedingt eher gering angesetzt, andere argumentieren, dass sie solches Zeug nicht essen, was andere, gemeint ist zum Beispiel die Zunge, bereits im Maul gehabt haben. Ich frage mich dann allerdings warum sie dann lieber ein Hühnerei der Zunge bevorzugen?

Wer allerdings Gerichte mit Innereien mag, der gelangt zu wahren Genüssen der gehobenen Küche. Eines meiner Lieblingskochbücher ist von Wolfram Siebeck das *„Kochbuch der verpönten Küche"*. In diesem genialen Kompedium verpönter Genüsse, ein Fest für jeden der Innereien liebt, werden Rezepte national und international für tierisches Innenleben empfohlen. Als Einstieg in diese besondere Klasse des Geschmacks empfiehlt Siebeck die Leber. Ich denke, es gibt nur wenige, die nicht gebratene Leber auf Berliner Art schon einmal gegessen hätten.

Der Franke bevorzugt den Vitaminegeber gerne mit gedünsteten Äpfeln und gebratenen Zwiebeln, dazu ein schmackhafter Kartoffelbrei, je zur Hälfte mit Kartoffeln und die andere Hälfte Butter, Butter und nochmals Butter!

Hat man sich danach erfolgreich an Kalbskopf und Schweinsfuß verköstigt beginnt eine Reise durch das wunderbare Land der Innereien: Angefangen mit dem Maul wird Kalbs- und Lammzunge mit vielfältigen Soßen zubereitet, sämtliche Herzen des Tierreichs, angefangen vom Kalb über Lamm bis zu Hühner und Entenherzen werden zwar unromantisch behandelt aber köstlichst genossen, das Bries, für den Schmackofatz eine Delikatesse, fühlt sich im Riesling sauwohl, bis hin zu Kutteln.

Den meisten Menschen bereitet das Wort *„Kutteln"* schon einen Schauer des Ekels, sieht man einmal vom Hund dabei ab. Dabei sind diese ein internationale Spezialität und fehlen in keiner europäischen Küche. In Italien heißen sie *„trippa a la florentina"* und werden in Florenz an den Markthallen mit Tomatensoße serviert. Der Franzose schwört auf provenzalische Kutteln mit Oliven, Tomaten, Thymian und Lobeer. Der Spanier liebt sie feurig mit Chorizo und Lauch! Wer es ganz besonders extravagant liebt, der sollte unbedingt einmal das Rezept von Siebeck *„Champagnerkutteln"* versuchen mit Foie gras, wobei nur ein kleiner Schluck des prickelnden Getränks die Kutteln erreicht, sodass der Großteil dem Genießer als Begleitung dieser göttlichen Speise übrig bleibt.

Dass sich die fränkischen Küche ohne rot zu werden in die Klasse der vorgenannten internationalen Spezialität gesellt zeigt sich bei den Kutteln. Ihre besondere Extravaganz zeigt sich schon in der Bezeichnung: *„Schnickerli"*. Ich finde schon in diesem Wort zeigt sich wieder das Widersprüchliche des Franken. Das Wort drückt soviel Humor aus, dass kein Mensch dahinter ein Essen ahnt, das früher als arme Leute Essen galt und das mit Vorliebe an den Hund verfüttert wurde. Eine Erklärung für die Herkunft des Wortes *„Schnickerli"* fand ich nach längerem Suchen, wobei man in der fränkischen Mundart für *„klein schneiden"* das Wort *„schniggen"* verwendet.

Ich liebe Schnickerli! Das liegt wahrscheinlich daran, dass wir zuhause schon immer Kuttel auf oberschlesische Art gegessen haben, nur nannten sie meine Eltern oberschlesisch *„Flacki"*. Wo immer ich sie auf der Speisekarte sehe, werden sie von mir ohne Zögern bestellt. Früher war die Gaststätte *„Burg"* in der Katherinengasse in Würzburg dafür bekannt, manchmal finde ich sie auch auf der Speisekarte vom Weinhaus *„Stachel"* in der Gressengasse. Mit Kartoffeln und einen trockenen Silvaner sind sie eine köstliche Vorspeise.

Guten Appetit!

Und so werden sie gemacht:

Zutaten:

1 Kilo	Kutteln gesäubert, vorgekocht und geschnitten; beim Metzger bitte so bestellen
1	Zwiebel
2	Nelken
1–2	Lorbeerblätter
1 EL	Butter
1 EL	Mehl
1	Schoppen guter Silvaner, *(den Rest bitte zum Essen aufheben)*
	Salz und Pfeffer
	Eventuell etwas Majoran

Zubereitung:

1 Das Wichtigste ist die Vorbereitung der Kutteln. Man bekommt die Kutteln meist vom Metzger gesäubert, vorgekocht und vorgeschnitten. Die Stücke sind meistens zu groß, deshalb schneide ich sie unter Anteilnahme meiner Hündin Luna, die ab und zu ein Stück abbekommt, in kleine *„Schnickerli"*. Danach werden sie nochmals unter kaltem Wasser abgewaschen, damit der Essig, der eventuell noch vom Säuern beim Metzger darin ist, ausgewaschen wird.

2 Die Zwiebel spicke ich je mit 2 Nelken und 2 Lorbeerblätter und lasse die Kutteln mit Wasser, soviel, dass sie gut damit bedeckt sind und etwas Salz ca 90 Minuten leicht köcheln. Danach werden sie abgeseit und etwa eine Tasse von der Brühe aufgefangen.

3 Aus der Butter und dem Mehl bereite ich eine Schwitze und füge etwas, vielleicht eine halbe Tasse von der Brühe langsam unter Rühren mit dem Schneebesen dazu. Dann kommt ein Schoppen Silvaner dazu und die Soße wird unter mittlerer Hitze reduziert auf etwa zwei Drittel. Dann wird mit Salz und weißem Pfeffer, bitte frisch gemahlen, abgeschmeckt.

4 Gerne reibe ich zwischen den Handbällen noch etwas Majoran dazu. und dann nix wie rein die Schnickerli in die Soße. Noch einmal kurz aufgewärmt, nicht gekocht, und dann werden sie auf einem Teller mit Salzkartoffeln serviert. Dazu der übrige Silvaner.

~ EXKURS ~

Wer jetzt eines besseren Geschmacks bekehrt wurde und zum kulinarischen Olymp aufsteigen möchte, dem sei hier das Rezept von Wolfram Siebeck für die *„Champagnerkutteln"* empfohlen.

Zutaten:

	Kuttel *(150 g pro Person)*
1 Tasse	Olivenöl
1/2	Schoppen trockener Silvaner
2	getrocknete Chilischoten
1/2 TL	Korianderkörner
1 TL	Meersalz
1	Lorbeerblatt
1 TL	Zitronenzesten
	Champagner zum Ablöschen, *Rest zum Essen*
1 Scheibe	Foie Gras, ca. 50 g pro Person
	Süße Sahne, schwarzer Pfeffer

Zubereitung:

Nach original Siebeck aus das *„Kochbuch der verpönten Küche"*:

„Die Kuttel werden wie beschrieben zubereitet, wobei ich mir Mühe gebe, sie noch feiner zu schneiden. Also in fast so dünne Streifen wie Spaghetti. Das ist mühsam und geht am besten, wenn ich sie nicht bereits vorgeschnitten kaufe, sondern als Goldenes Vlies.

Ich will nichts beschönigen. Der Begriff Vlies ist zwar poetisch, beschreibt ein großes Kuttelstück nicht genau. Es hat viel mehr Ähnlichkeit mit einer Gummimatte, wie man sie in die Badewanne legt, damit man unter der Dusche nicht ausrutscht. Wäre es dunkelgrau statt hellgelb, könnte man es auch für ein Stück eines LKW-Reifens halten, wie es manchmal auf der Autobahn herumliegt. Aber die geschmackliche und ästhetische Überlegenheit der aus dem großen Lappen selbst geschnittenen Kutteln ist so überzeugend, dass ich dafür einen weiten Umweg mache.

Also in Streifen schneiden und anbraten wie üblich. Lorbeerblatt und 1 TL Zitronenzesten dazu und mit Champagner ablöschen. Für eine Vorspeise werden weniger Kutteln gebraucht, nämlich nur 150 g pro Person.

Was die Foie gras angeht, kaufe ich eine Scheibe von einer fertigen Terrine (pro Person 50 g) und schneide sie in kleine Würfel. Die werden erst kurz vor dem Servieren untergemischt. Sie dürfen heiß werden, aber nicht schmelzen. Kurz vorher habe ich noch einmal abgeschmeckt und etwas Sahne und wahrscheinlich schwarzen Pfeffer angeschüttet. Jeder professionelle Koch würde abschließend noch ein Glas Champagner über die Kuttel gießen, weil das so schön schäumt. Ich bringe diesen Kitsch nicht übers Herz. Es schmeckt auch so ganz köstlich."

Der Fisch will dreimal schwimmen,
im Wasser, im Schmalz und im Wein.

Meefischli, Karpfen und ihre Kumpels

Der Main ist die Lebensader der Franken. Er ist auch der einzige Fluß, der auf einer Länge von 527 km in Deutschland entspringt und auch dort mündet und wenn man einmal übersieht, dass er kurz nach Aschaffenburg durch die hessische Ebene von Industrie und Handel fließt, wäre er fast ein rein fränkischer Fluß.

Nichts desto trotz bleibt der Main der Fluß der Franken. Seine beiden Quellflüsse weißer und roter Main entspringen in Oberfranken, der eine im Fichtelgebirge, der andere in der fränkischen Alp.

Nach ihrer Vereinigung fließt der junge Fluß durch das liebliche Obermaintal, von der Höhe grüßen das prächtige Schloß Banz, die glanzvolle barocke Fassade von Vierzehnheiligen und der Staffelstein, auf dem der Dichter Viktor Scheffel einst sein Lied der Franken schrieb:

*"Zum Heiligen Veit von Staffelstein
bin ich empor gestiegen,
und seh die Lande um den Main
zu meinen Füßen liegen."*

Zwischen Steigerwald und Haßberge zwängt er sich durch ins Weinland Franken, rechts und links stolze Weindörfer, deren Reichtum sie in stattlichen Mauern und Türmen zeigen als würden sie sich brüsten: *"Wir brauchen keinen Schutz, wir können uns selbst wehren!"* Wie eine Perlenschnur reihen sie sich entlang des gemächlich dahin fließenden Mains und am Ende dieser romantischen Weinstädtchen steht einem Juwel gleich das stolze Würzburg.

Kaum auszudenken, was die Bischof- und Universitätsstadt ohne seinem Main wäre. Die Gründung der Stadt erfolgte vor mehr als 3.000 Jahren durch keltische Fischer. Sie ließen sich am Fuß des heutigen Marienberges nieder und bauten sich schon damals eine Fliehburg auf dem heutigen Marienberg. Die Meeviertler rühmen sich heute noch damit, dass sie die eigentlichen Ureinwohner Würzburgs sind, sozusagen die Aborigines von Würzburg. Die anderen Würzburger nennen sie einfach *"Meebrunzer"*. Im Meeviertel hat sich auch die Kultur der Fischer bewahrt. In der Saalgasse befindet sich noch der Sitz der ältesten Zunft der Stadt, der Fischerzunft, 1279 urkundlich bestätigt. Im Meeviertel wurde auch traditionell in den Weinstuben Fischgerichte serviert wie früher in der Felsengasse im *"Silbernen Karpfen"* und heute immer noch einzig in der berühmten Weinstube *"zur Schiffbäuerin"* in der Katzengasse.

In früheren Zeiten gab es nur wenige Handelsstraßen und so waren Flüsse wie der Main auch die einzige Möglichkeit Waren zu transportieren. Ich erinnere mich noch an die endlosen Flöße aus dem Frankenwald, wenn sie kilometerlang an unserer Stadt vorbeizogen auf ihrem Weg Rhein abwärts bis nach Holland. Der Main war ebenso Ernährer seiner Anrainer. Jeder Dorf oder Städtchen hatte Fischer, die mit Schelchen im Main ihre Netze und Reusen auswarfen. Ohne den Main wäre ein christliches Leben nicht denkbar gewesen, gab es doch im religiösen Jahreswechsel viele Tage und auch die Fastenzeit, an denen nur Fisch als Nahrung in Betracht kam.

Im ältesten Kochbuch der deutschen Sprache, der Würzburger Pergamenthandschrift, sind dem Fisch und seiner Zubereitung viele Rezepte eingeräumt. Der Tradition und der mittelalterlichen Handschrift zu Ehren möchte ich daraus das Rezept einer würzigen Hechtsuppe nennen.

Probieren Sie es, es ist einfach und schmeckt vorzüglich als Vorspeise, wobei Suppen im mittelalter erst nach dem Essen gereicht wurden als Verdauungshelfer. Ganz nebenbei können Sie ihren Gäste auch mit der Bemerkung imponieren, dass dies ein mittelalterliches Rezept sei.

Und so geht es:

Hecht von den Flus in suben

Zutaten für 4 Personen:

1	kleiner Hecht, *(von Frau Fischer am Markt)*
1 l	Wasser
1	Zwiebel
2	Lorbeerblätter
1 Bund	Suppengrün
1	Petersilienwurzel
	Salz
	Pfefferkörner
2–3 EL	Mehl
1	Schoppen Silvaner
	Sahne
1	Eigelb
	Peterle

Zubereitung:

1 Den Hecht kaufe ich auf dem Markt bei Frau Fischer lebend und lasse ihn ausnehmen. Zuhause filetiere ich ihn mit einem scharfen Messer. Falls man sich das nicht zutraut, dann sagen sie es Frau Fischer, die kann das in Minutenschnelle. Den Rest soll sie aber dazuzählen.

2 Die Filets entgräte ich mit einer Pinzette. Eine *„Fisselesarbeit"*, wenn möglich lasse ich sie von meiner Frau erledigen, die die nötige Geduld für die Feinarbeit aufbringt. Danach schneide ich das Filet in Portionsgrößen mittelgroßer Würfel und stelle sie beiseite.

3 Den Rest des Fisches, Kopf, Flosse und Gräten werden mit einem großen Messer – zack, zack – zerteilt. Das Suppengrün und die Peterlewurzel werden geschält und in Würfel geschnitten. Die Zwiebel wird in Ringli geschnitten. Alles Gemüse kommt mit den Fischresten in einen Topf mit 1 l Wasser. Dazu kommen 2 Lorbeerblätter und einige Pfefferkörner, 5–10 Stück. Leicht salzen und die Suppe aufkochen und dann ca. 30 Minuten leicht siedend weiterkommen. Danach durchseihen, den Wein dazugeben und mit kräftiger Flamme ca. 10 Minuten einkochen lassen.

4 Aus der Butter und dem Mehl bereite ich mit dem Schneebesen eine helle Schwitze und füge schöpflöffelweise den reduzierten Fischsud dazu. Dann wird das Eigelb mit einigen Löffeln Fischsuppe legiert; wer will kann auch etwas Sahne dazu verfeinern. mit Salz und hellem Pfeffer abschmecken. Dann werden die Fischwürfel in die warme Suppe gelegt und ca 8–10 Minuten ziehen gelassen.

5 In Suppenteller aufteilen und mit gehacktem Peterle bestreuen.

Mahlzeit!

Ich komme zurück zum Main, oder „*Mee*" wie wir Würzburger ihn liebevoll nennen. Ich bin in der Sanderau in der Arndtstrasse aufgewachsen ungefähr 200 m Luftlinie zum Main. Wasser hat ja bekannterweise eine besondere Anziehungskraft für Kinder und für Lausbuben ganz besonders.

Für unsere Bande, Rainer, Jochen, Peter und ich, war der Main ein idealer Spielort. Im Winter war er sogar zugefroren und ich erinnere mich noch an Zeiten, wo wir auf den zugefrorenen Main gelaufen sind, Rainer sogar eingebrochen ist und sogar fast ertrunken wäre, wenn ihn sein Vater nicht rechtzeitig herausgezogen hätte. An der Stelle wo heute der Steg über den Main zum Steinbachtal führt überquerten wir den Main bei klirrender Kälte, weiter unten sahen wir sogar ein Auto auf ihn fahren. Heute unvorstellbar.

Besonders spannend war es, wenn er Hochwasser hatte. Täglich gingen wir hinunter zum Ludwigskai um zu sehen, ob das Hochwasser wieder gestiegen war oder schon wieder zurück gegangen war. Besonders spannend wurde es für mich und meine Rass, wenn er wieder in sein altes Bett verkroch. Dann hatten sich in kleinen und größeren Lachen des Ufers das Mainwasser gesammelt und, darauf suchten wir vor allem, auch kleine Fischchen, die es nicht mehr rechtzeitig zurück ins Flußbett geschafft hatten. Jetzt ging es daran sie einzufangen. Nicht einfach für uns.

Aber für Ritter, Indianer oder Weltraumfahrer, für die wir uns damals hielten, je nachdem was gerade in Comicheften die Runde ging, war das Einfangen der kleinen Verreckerle kein Problem.

Im Einweckglas wurden sie als Trophäe nach Hause zu tragen. Einige Tage später ging es für sie wieder zurück zum Main, tot und mittels der Klospülung.

Was ich damals noch nicht wusste war, dass jene kleine Weißfischchen, die wir in den Pfützen einfingen eine der bekanntesten Spezialitäten in Mainfranken waren, *die Meefischli.*

Erst viel später erinnerte ich mich daran, als ich mein Beute von damals in den bekannten Fischlokalen und Weinstuben der Umgebung auf der Speisekarte wiederfand. Als Begleiter zu einem Schoppen Wein sind die Meefischli zwischenzeitlich zu einer Rarität geworden, da sie zum einem immer weniger im Main zu finden sind und andererseits es weniger gibt, die sie mit Schelch und Netz im Main fangen.

Meefischli – das Rezept zur Zubereitung:

1 Das Rezept für Meefischli ist eigentlich ganz einfach. Die Kleinen lässt man wie sie gefangen werden, da sie nur kleine Gräten haben: *"Die klenne Grätli kannst gut nausscheiß, die putze durch!"* Die größeren Meefischli werden kurz ausgenommen. Eigentlich, sagt man, dürfen die Meefischli nicht größer sein als der kleine Finger vom Hl. Kilian auf der Alten Mainbrücke. Ich habe den Spruch nie verstanden, da der Finger des Frankenheiligen auf der Brücke in seiner Größe einer mittleren Forelle nach entspricht.

2 Die ausgenommenen und trocken getupften Fischli werden gesalzen und gepfeffert und mit Zitrone beträufelt. Eine gute Stunde ruhen lassen.

3 Dann werden sie im Mehl, das mit einer Prise Zimt verfeinert wurde, gewendet und in einer Pfanne mit etwas heißem Fett ausgebacken.

Dazu passt ein fränkischer Gurken-Kartoffelsalat, wer will auch mit etwas Feldsalat bereichert. Oder man ist sie mit den Fingern. Auf jeden Fall passt in beiden Fällen ein kühler Schoppen Frankenwein dazu.

Ich empfehle nicht unbedingt sich dieses Rezept zu merken und nachzukochen. Nicht, dass es schwer wäre, aber die Meefischli findet man vergeblich in Fischgeschäften im Angebot.

Also, wenn man sie irgendwo, sei es im Bürgerspital, der Schiffbäuerin in Würzburg oder im Bären in Randersacker oder der Fischerbärbel in Veitshöchheim auf der Karte findet, dann sollte man nicht lange zaudern und sie bestellen. Die Küche hat noch einen guten Lieferanten!

An dieser Stelle ist es Zeit ein Geständnis zu machen. Meine Kariere als rechtschaffener Jurist begann als kleiner Krimineller, als Schwarzangler. Die Leidenschaft des Fischfangs wurde mir offensichtlich in die Wiege gelegt. Die ersten fünf Jahre meines Lebens verbrachte ich in dem kleinen Dorf Kassel im Spessart, auch *„Besenkassel"* genannt wegen der kärglichen Einnahmen der Bevölkerung durch die Besenherstellung und deren Vertrieb. Mein damaliger Freund Siegfried und ich hatten eine besondere Methode des Fischfangs in der vorbeifließenden Kinzig. Wir nahmen Bohnenstangen und banden Essgabeln an deren Ende. Dann standen wir stundenlang auf einer kleinen Brücke, bewegungslos und zum Stoß 5 Zentimeter über der Wasseroberfläche bereit. Zugegeben, die Ausbeute war eher mäßig, dafür der Ausstoß von Adrenalin umso größer. Jagdfieber hatte mich gepackt.

Es ließ mich auch in Würzburg nicht los. Beim *„Vogel-Peter"* an der alten Mainbrücke, einer bei Kindern sehr beliebte Kleintierhandlung kaufte ich mir eine kleine Wurfangel für 50 Pfennige, soviel brachte mir der Umtausch von fünf Bierflaschen meines Vaters ein. Der Inhaber Peter Röhrig war, wie ich erst später erfuhr, der Vorstand des örtlichen Fischereiverbands. Ich denke, dass er damals einen talentierten Nachwuchs in mir erkannte und nicht weiter nach der Verwendung des Angelgeräts fragte. Daraufhin saß ich mal allein, mal mit Rainer, Jochen oder Peter im Gebüsch am Mainufer, zog Regenwürmer auf den Haken auf und starrte stundenlang auf den kleinen Schwimmer im Wasser. Die kleinen Weißfische, die ich fing, wurden jedoch wieder ins Wasser gelassen, nachdem man kein Interesse an deren Zubereitung bei uns in der Metzgerei zeigte.

Es gab zwar hin und wieder von mir Bestrebungen auf den Pfad der Tugend zurückzukehren, aber vergeblich. So trat ich zum Beispiel den Georgs-Pfadfinder bei, was aber dazu führte, dass ich bei Zeltlagern die anderen mit frischen Fisch versorgte. Auch ein religiöser Versuch sollte nicht unerwähnt bleiben. Ich wurde im zarten Alter von 8 Jahren Ministrant beim Pfarrer Schober in der Adalberokirche, was aber nicht zu dem gewünschten Erfolg führte vom Schwarzangeln Abstand zu nehmen.

Ich hatte erkannt, dass ich mich mit einer mündlichen Beichte aller Sünden einschließlich dem Schwarzangeln entledigen konnte. Fünf *„Vater unser"* und drei *„Ave Maria"* waren dafür vorgesehen. Nachdem ich jedoch erkannte, dass sich die Zahl der Ablassgebete rapide erhöhte, nachdem ich wiederholt meine anglerische Passion beim Pfarrer Schober gebeichtet hatte, wechselte ich meinen Beichtvater.

Meine Karriere als Schwarzangler wurde jedoch jäh unterbrochen. Ich saß eines Tages unter der kleinen Brücke am Burkader Tor an dem Altwasser des Mains und fischte. Zwei oder drei kleine Verreckerle befanden sich schon in einer leeren Sauerkrautdose mit Wasser.

Was ich damals nicht wusste war, dass sich neben dem Burkarder Tor auch eine kleine Polizeistation befand. Ich angelte also direkt unter der Nase und vor den Augen der Ordnungshüter. Der Schupo stand plötzlich neben mir und fragte, was ich denn da mache. Nichts, entgegnete ich, was er mir aber nicht abnahm. Die gefangenen Fischlein verschwanden wieder im Main und ich auf die Wache, wo man meinen Vater verständigte. Entgegen einer erwarteten Strafe empfing mich nach Abholung von der Wache nur ein herzhaftes Lachen meines Vaters und ein Schulterklopfen, was die genetische Vererbung meiner Jagdleidenschaft erklärte, heute zumindest.

Die Lust des Fischfangs blieb in mir und wurde im Alter von 40 Jahren, ich war schon mehrere Jahre zugelassener Anwalt in Arnstein im Werntal, durch das Ablegen der Fischereiprüfung in Karlstadt legalisiert. Heute bin ich im Besitz eines Fischereischeins auf Lebenszeit.

Ich wohnte seinerzeit in einem kleinen Bauernhaus in Gänheim direkt an der Wern. Ein idealer Ort für meine Kinder zum Spielen und für mich zum Fischfang. Mit meinem Freund Bernd, der Pächter eines Abschnitts der Wern war, ging ich auf Fischfang.

Nachts trafen wir uns im Sommer nach Einbruch der Dunkelheit und gingen auf Aalfang. Die Würmer wurden mit Blei auf Grund gelassen und wir warteten gespannt auf das Klingel der kleine Glöckchen, die an der Angespitze einen Biss des Aals akustisch anzeigten.

Ein besonderes Erlebnis war für mich auf Karpfenfang zu gehen. Im Herbst ist Karpfenzeit. Da die Gewässer abkühlen gingen wir meist am Nachmittag eines warmen Herbsttages an die Wern. Der Karpfen ist ein schlauer Hund. Es kann durchaus vorkommen, dass er den Köder mit Haken in den Mund nimmt und ihn danach wieder ausspuckt. Ich verwende meist Maiskörner. War der Kerl einmal an der Angel und hatte angebissen begann für mich Schwerstarbeit. So ein mehrpfündiger Karpfen könnte leicht die Schnur zerreißen, weshalb er oft minutenlang durch anziehen und loslassen der Schnur ermüdet wird. Das kann manchmal sogar eine halbe Stunde dauern. Dann wird er mittels eines Käschers an Land gebracht. Geschafft. Das begossen wir dann mit einem Williams Christ vom Wecklein aus Binsbach.

Petri Heil!

Karpfen im Bierteig

Karpfen ist ein typisch fränkisches Gericht in den Herbst und Wintermonaten. Der bekannteste kommt aus den Teichen in den Aischgründen. Gebacken oder blau wird er in fast jedem fränkischen Wirtshaus angeboten.

Meine schlesische Familie pflegte traditionell eine Karpfen am Heiligen Abend zu essen vor der Bescherung. Meine Großmutter aus Beuthen bereitete den Karpfen nach alter Tradition in polnischer Soße zu, einer würzigen, mit Lebkuchen verfeinerten dunklen Soße. Dazu gab es Serviettenklöse, eine schlesische Version der Semmelknödel. Das Gericht schmeckt übrigens auch im Frankenland.

Eine altfränkisches Rezept ist der Karpfen im Bierteig. Man bereitet zuerst den Bierteig zu:

Zutaten für den Bierteig:

150 g	Mehl
1/2	Tasse helles Bier, *(Marke ist wurscht)*
1 EL	Öl
2	Eier, getrennt

Zubereitung:

1 Ich schütte das Mehl und ständigem Rühren mit dem Schneebesen ins Bier und verrühre es zu einem glatten Teig. Dann kommen Salz und die Eigelb dazu, weiterführen. Dann wird das steif geschlagene Eiweiß mit dem Öl darunter gehoben. Das ganze sollte etwas fester als ein Pfannenkuchenteig sein, dann ist er richtig. Jetzt lasse ich den Teig dann 30 Minuten ruhen.

2 In der Ruhezeit des Teigs kann ich den Karpfen vorbereiten. Er kommt meist ausgenommen vom Fischladen. Größere Exemplare werden mit einem schweren Messer portioniert. Der Kopf mit einem mutigen Hieb vom Rumpf getrennt. Ebenso der Sterz. Dann wird der Rumpf je nach Größe ganz gelassen oder nochmals getrennt. Kleine Karpfen lasse ich im Ganzen und trenne sie nur den ganzen Körper nach in 2 Hälften. So mag ich sie am liebsten, dann kann Mann noch die gebackenen Flossen und den Schwanz knusprig knabbern.

3 In einer schönen, großen gusseisernen Pfanne, ich bevorzuge französische der Firma Creuset, wird Butterschmalz langsam erhitzt, nicht zu heiß werden lassen!

4 Die Fischhälften oder portionierten Stücke werden außen und innen gesalzen und gepfeffert und dann im Bierteig gewendet. So kommen sie ins heiße Fett und werden dann etwa 20 Minuten gebacken, ab und zu gewendet. **Wichtig ist,** dass dabei das Fett nicht zu heiß wird. Fischfleisch gerinnt bei ca 80 Grad und bleibt so schön saftig. Heiß gebraten wird der Fisch trocken und fad. Also lieber mit Geduld und vorsichtiger Handhabung des Gashahns den Karpfen hitzemäßig behandeln. Will man probieren ob der Fisch fertig gebraten ist, so zupft man etwas an der Kopfflosse. Hält man sie in der Hand, dann nix wie raus mit dem Kerl und angerichtet.

So kommt er dann knusprig auf den Teller. Dazu gibt es Kartoffelsalat fränkisch oder gemischten Salat.
Getrunken wird dazu was Lust und Laune macht, entweder ein kühles Bier oder ein Schoppen Wein. Wer will auch Wasser, was den Karpfen sentimental macht.

Wer keinen Bierteig mag, kann den Karpfen auch panieren. Er wird nach dem Säubern außen und innen gesalzen und gepfeffert. Dann in einem Teller mit Mehle gewendet und anschließend in einem aufgeschlagenen und verquirlten Ei gebadet. Das muss sein, sonst haften nicht die Semmelbrösel, mit denen er seine knusprige Außenhaut erhält. Weiter geht es in der Pfanne wie oben erwähnt.

Freunde des leichten Genusses genießen den Karpfen blau aus einem würzigen Sud mit Essig, Wein, Pfefferkörner, Nelke, Lorbeerblättern Zwiebel und Suppengemüse.

Ein Genuss!

*Den Wein für die Leute,
das Wasser für die Gänse*

Weinschaumsoße mit Frankenwein

Wenn ich mit der Mostsuppe ein fränkisches Essen angefangen habe, so höre ich dasselbe mit einer Weinschaumsoße auf. Natürlich schwimmen darin ein paar Karthäuserklöße oder Apfelkräpfli. Und wieder ist der Frankenwein ein wichtiger Bestandteil des Gerichts. Woran es wohl liegt, dass der Franke den Wein stets zum Kochen nimmt?

Vielleicht liegt es daran, dass es in Franken kein gutes Wasser gibt. Zuviel Kalk enthält es, was man daran merkt, dass die Waschmaschine schnell verkalkt, die Wasserhähne eine Kruste haben und die Wasserkocher regelmäßig mit Essig behandelt werden müssen. Kurzum, ein Scheißwasser!

Dazu kommt auch noch, dass das Wasser zu wenig Jod enthält, was dazu geführt hat, dass früher im Frankenländle es eine Volkskrankheit gab – die Kröpf. *„Im Bullni, Sassi und iphof', ham die Leut keen Buckel, ham's een Kropf!"* In dem Spüchlein werden die Weinorte am Hang des Steigerwaldes genannt, Bullenheim, Seinsheim und Iphofen. Alles kleine, schöne Weindörfer und die *„Heimat des Kropfes"*. Was früher eine nicht seltene Erscheinung im öffentlichen Dorfleben war ist heute, dank der Medizin, stark zurück gegangen.

Ich erinnere mich noch an einem Winzer mit einem Kropf wie ein Ochsenfrosch, natürlich aus dem Steigerwald. Der musste einst zur Behandlung in die Uni-Klinik von Würzburg. Nachdem er am Bahnhof angekommen war setzte er sich in die Straßenbahn der Linie 1 zur Luitpold-Klinik, wie die Uni-Klinik auch heißt. Auf der Fahrt saß ihm gegenüber ein kleiner Bub in der Straßenbahn und starrte unverblümt auf seinen Kropf.

Da der kleine Bub noch nie einen solchen gesehen hat, könnt er den Blick nicht von dem Winzer wenden. Diesem wurde es allerdings mit der Zeit ungemütlich, ja sogar lästig und so sagte er mit tiefer, sonoriger Stimme zu dem Bub:

„Wenn'st du mich feig weiter so anstarrst, Bub,
dann fress' ich dich auf!"
Worauf der kleine Kerl frech antwortete:
„Aber schluck vorher den anderen erst runter!"

Zutaten:

4	Eigelb
75 g	Zucker
1/4 l	Frankenwein
	(zur Auswahl siehe Vorbereitung zur Mostsuppe)
1 EL	Zitronensaft
1/2 TL	Speisestärke
	Mark einer halben Vanilleschote,
	(wenn nicht zur Hand tut es auch ein Päckchen Vanillezucker, aber nur zur Not!)

Zubereitung:

1 In einer eisernen Schüssel rühre ich mit dem Schneebesen, Faule nehmen dazu den Handmixer, aber bitte mit geringer Geschwindigkeit, das Eigelb mit dem Zucker und der Speisestärke und füge den angewärmten Frankenwein, bloß nicht heißen, dann ist der Alkohol weg. Füge noch den Zitronensaft dazu.

2 Dann schlage ich die Soße in einem heißen Wasserbad solange, bis sie dick wird. Nicht vergessen, ab und zu mit dem rechten Zeigefinger die Soße schlecken!

Wichtig: die Eier dürfen nicht gerinnen. Ansonsten weg damit und alles nochmal von vorne!

Schöne Äpfel sind auch wohl sauer.

Apfelküchle und Öpfelmouschd

Öpfel stehen bei den Franken in hohem Ansehen, mehr bei der ländlichen Bevölkerung als in den Städten, allerdings in einem flüssigen Aggregatzustand. Was dem Städter sein Frankenwein, ist dem Bauern sein *Öpfelmouschd*. In Mittel- und Oberfranken wird auf dem Land Bier gebraut und in Unterfranken *Mouschd* gemacht. Ich hatte das Glück, viele Jahre auf dem Land zu leben in der schönen Obstgegend von Leinach, genauer gesagt in Unterleini oder, wie es die Unterleinacher sagen, im besseren Leini.

Gleiches behaupten die Oberleinacher auch von ihrem Ort ... Mein Vermieter, der Bauers Bruno, war ein echter, unverfälschter Franke, ein gestandenes Mannsbild. Obwohl er in der Grupshausener Straße neu gebaut hatte, galt seine Liebe zum einen seinem danebenstehenden alten Elternhaus, das ich mit meiner Familie bewohnte, zum anderen seinen bäuerlichen Gewohnheiten.

Nichts vom Essen wurde weggeworfen, was übrig blieb, wurde an die Höäner und die Sau im Stall verfüttert. Seine größte Liebe und sein täglicher Gang galten allerdings dem alten Keller in unserem Haus, der vom Hof aus einen eigenen Zugang hatte. Wenn man durch das alte hölzerne Tor den dunklen Keller auf abgetretenen Sandsteinstufen betrat, wurde man von einem feuchten, modrig riechenden Mantel aus Kellerluft umschlungen. Eine alte, schwache Glühbirne beleuchtete nur unzureichend den Kellerraum. Das Besondere in diesem Raum war ein im festgetretenen Lehmboden mit Sandstein eingefasster Hausbrunnen, eine wirkliche Seltenheit. Und im anschließenden Raum stand auf zwei parallel stehenden, auf Steinen ruhenden Eichenbalken der ganze Stolz vom Bruno: *zwei Holzfässli Öpfelmouschd*.

Es verging kein Abend, an dem der Bruno nicht mit Schläppli und einem Grüüchle in der Hand in den Keller schlurfte zu seinem Mouschd. Wenn ich mal dabei war, konnte ich miterleben, wie er sorgsam den Hahn vom Fass aufdrehte und den Krug randvoll füllte. Dann nahm er einen tiefen Schluck, ob aus Sorge, etwas zu verschütten, oder aus dem Wunsch nach sofortigem Genuss, war nicht auszumachen, wahrscheinlich aus beidem. Wenn wir dann mal im Sommer im schattigen Hof saßen, erzählte er mir, dass bei seinem Hausbau fünf Fässer Öpfelmouschd benötigt wurden für die Bauarbeiter, alles Leinacher.

Der Hausbau auf dem Land war grundsätzlich Eigenbau. Als sein Sohn Heribert sich zur gleichen Zeit am Hang ein Haus baute, konnte ich den gemeinschaftlichen Hausbau miterleben. Der *„Heri"* war Installateur und Mitglied im örtlichen Fußballverein. Aus diesem Verein rekrutierte er seine Handwerkertruppe für den Hausbau. Der eine war Maurer, der andere Elektriker, einer Zimmermann, ein anderer Schreiner und so wuchs das Haus vom Heri Stein um Stein mit Hilfe seiner Fußballkumpel. Natürlich nicht ohne etliche Fässer Öpfelmouschd, die der Bruno zum Hausbau beitrug.

Bei dieser Gelegenheit fällt mir aus meiner Anwaltstätigkeit ein Fall von örtlichem Gemeinschaftsengagement für einen Hausbau ein, der nicht in einem selbstgebauten Ehenest, sondern anders endete als erwartet. Ein junger Mann aus dem Raum Zellingen hatte eine Verlobte in einer Winzergemeinde an der Mainschleife bei Volkach. Die Braut stellte einen von den Eltern geschenkten Bauplatz zur Verfügung und der Bräutigam rückte mit seiner Fußballmannschaft zum Hausbau an. Alle halfen ihm, wie er bereits ihnen geholfen hatte, die Braut und er bezahlten das Baumaterial. Als das Haus fertig war, trennte sich die Braut vom Bräutigam und löste die Verlobung auf. Der enttäuschte Bräutigam versuchte vor Gericht von der nunmehr glücklichen Besitzerin des neuen Hauses den Lohn für seine Fußballspezis einzuklagen, den diese für sie an Leistungen erarbeitet haben. Vergebens. Das Gericht gab der Frau Recht, da die Aufwendungen zum Hausbau von dem ehemaligen Verlobten und seinen Freunden freiwillig erbracht wurden, ohne Bezahlungsabrede und nur in Hinblick auf eine Heirat, die – leider – nicht zustande kam. Er bekam lediglich das, was er an Material bezahlt hatte. Wie einleitend oben gesagt, *„Schöne Äpfel sind auch wohl sauer".*

Später wohnten wir dann in Gänheim im schönen Werntal. Wir hatten uns ein altes Bauernhaus gekauft, das romantisch an einer historischen Brücke direkt an der Wern lag. Auch dieses Haus hatte einen schönen alten Keller mit Lehmboden, ideal um darin eigenen Öpfelmouschd in Fässern einzulagern. Auch in Gänheim hatte ich das Glück, mit freundlichen Nachbarn zusammenzuleben.

Einer davon war der Kilian, ein Landwirt und Junggeselle. Der Kilian konnte alles, Schnaps brennen und mouschdn. Und so habe ich mit ihm gemeinsam meinen eigenen Öpfelmouschd hergestellt. In unserem Garten habe ich die Öpfel unter den Bäumen aufgelesen und in Jutesäcken zum Kilian gebracht. Dort wurden sie im Häcksler klein geschnitten und anschließend wurde das Schnittgut in die Kelter gelegt. Abschließend kam oben ein rundes Holzbrett drauf und dann wurde gemeinsam an dem Gewinde die Presse nach unten gedreht. Aus der Kelter floss der süßlich riechende, braungelbe Öpfelsaft heraus, von einer Schar Wespen umschwärmt. Den frisch gepressten Öpfelsaft habe ich in Kanistern zum Keller gebracht und in Fässer gefüllt, die leider aus hygienischen Gründen aus Plastik waren. Danach kam noch die aufgelöste Hefe ins Fass und dann wurde mein eigener Öpfelmouschd sich selbst überlassen.

Jeden Tag ging es dann wie beim Bruno in den Keller und es wurde ein Grüüchle voll herausgetragen. Die ersten Tage war es reiner, süßer Öpfelsaft, dann Federweißer, bitzelnd und schön mit etwas Wirkung, und nach ein paar Wochen der klare, reine Öpfelmouschd – mein Mouschd, selbst gemacht und unbezahlbar.

Ein Genuss, egal ob pur getrunken oder mit Limo versüßt. Im Winter war er als Punsch mit einer Zimtstange und Nelken ein wärmender Begleiter für die kalte Jahreszeit.

Zum Kilian bin ich im Winter öfters hinübergegangen und wir saßen in der warmen Brennstube vor der Destillerie und probierten den Obstler, den er aus Öpfel- und Birnenmaische destillierte. Ich erinnere mich noch an eine schöne Begebenheit von damals, über die ich heute noch herzhaft lachen kann.

Der Kilian wohnte am Ortsende von Gänheim, direkt an der Wern. Vor seinem Haus führte eine kleine Straße die Wern entlang Richtung Bundesstraße und hinter seinem Haus kam vom Berg herunter eine kleine Straße, die in die Wernstraße mündete.

Wir saßen also eines Abends im Herbst gemütlich in der Küchenstube, als plötzlich ein junger Mann mit nassen Kleidern die Küche betrat, offensichtlich ein Einheimischer, ein Ganamer. „Kilian", sagte er ohne Begrüßung, *„geh emal mit naus, mir is öbbes bassiert."*

Als wir neugierig dem jungen Mann folgten, sahen wir vor dem Haus die Bescherung. In der Wern stand sein Opel Kadett, zur Hälfte im Wasser und die Beleuchtung des Wagens war noch an. Uns bot sich ein gleichsam gespenstisches wie lustiges Bild, wie der Kadett mit Unterwasserscheinwerfern die Wern beleuchtete. Kilian und ich konnten nicht anders als herzhaft lachen, was der junge Kraftfahrer allerdings nicht tat. Der war, wie er berichtete, vom Berg heruntergefahren und hatte dabei die Kurve nicht mehr gekriegt. Er sei geradeaus in die Wern gefahren. Der Kilian holte seinen Schlepper und dann wurde der Kadett aus der Wern gezogen. Als der junge Mann heimging, hörte ich noch, wie er dem Kilian sagte:

„'s war doch eweng viel Mouschd gewese."

Zutaten:

4	große, säuerliche Öpfel *(Boskop)*
	Zitronensaft oder Cognac
3 EL	Zucker
1 TL	Zimtpulver
50 g	oder 2 EL Butterschmalz
125 g	Mehl
1 TL	Backpulver
	Salz
125 ml	Milch
2	Eier

Zubereitung:

1. Zuerst wird der Teig gemacht. Dazu das Mehl mit dem Backpulver und einer Prise Salz vermischen und nach und nach mit dem Schneebesen die Milch unterrühren. Abschließend die Eier zugeben und alles zu einem Teig verrühren.

2. Dann werden die Öpfel geschält, das Kerngehäuse ausgestochen und in dicke Scheiben geschnitten. Die naggerdn Öpfel werden mit Zitronensaft gegen Braunwerden beträufelt, Fortgeschrittene nehme dafür und gleichzeitig für sich selbst einen kräftigen Schuss Cognac.
Zimt und Zucker werden zu *„Zimt und Zucker"* vermischt.

3. In einer gusseisernen Pfanne wird das Butterschmalz erhitzt. Darin werden die in dem Teig gewendeten Öpfelscheiben bei mittlerer Hitze ca. 5 Minuten pro Seite gebacken.

4. Anschließend auf Küchenpapier entfetten lassen und in Zimt und Zucker wenden. Fertig.

 Dazu passt entweder eine Vanillesoße oder eine Weinschaumsoße.

Schluss - aus - Öpfel!

*Aus einem verzagtem Arsch
fährt kein fröhlicher Pfurz.*

Karthäuserklöß
Was Süaß

*In der Semmelstrass da wohnt ein Bäck',
der hängt sein Oarsch zum Fenster raus
und sagt „des is e Weck!"
Da komme die Leut gelaufe
und wolle den Weck kaufe.
Dann tut er ihn rein,
Und sagt: „Der Weck ist mein!"*

Mit diesem Gassensprüchlein aus der Semmelstrasse in Würzburg beginne ich eine der beliebtesten fränkischen Nachspeisen: *die Karthäuserklöß!* Das Gassensprüchlein ist auch einer der Gründe, warum der in Franken bekannte Eierweck seinen Spitznamen bekommen hat: *der Oarschkipf!*

Und so wie seine Wortschöpfung so sieht er auch aus: zack, zack und in der Mitte eine Furche. Und jener besagte Eierweck ist der Grundstock für die Karthäuserklöß, dessen Zubereitung ich später erkläre.

Doch zuerst noch einmal zu jene, besagten Bäckermeister mit dem Hang zum Exibisionismus. In meinem Büchlein „*Gässli und Strässli*" habe ich eine Geschichte zu dem Gassensprüchlein gemacht und möchte diese dem Rezept vorausschicken.

Der Gassenreim lässt dem Hörer grundsätzlich mit dem Verhalten des Bäckermeisters allein und man fragt sich, was ihn zu einem solchen unsittlichen Verhalten veranlasst hat?

Einst wohnten zwei Bäckermeister in unmittelbarer Nachbarschaft in der Semmelstrasse, unweit des schönen barocken Bäckerbrünnleins. Der eine hieß Karl und war von stattlicher Statur mit einem kahlen Kopf so groß wie ein Frankenlaib. Der andere hieß Ludwig, war schmächtig wie ein Pizzabäckerei. Wenn sie ihre Arbeit verrichtet hatten, standen beide vor ihrem Bäckerladen und frotzelten:

„Na, Luitschi, heut sin die Brötli aber arch klee ausgefallen! Des kommt davon, wenn mer so klene Händ hat wie du!"

„Schau doch mal dein Milchweck an, Karl, wie der ausschaut. Mer mennt du hast dein Oarsch dafür genomme!"

„Von weche, den kennt in der Stadt e jeds Kind!"

„Wen meinst de denn, dein Oarsch oder dein Weck!"

„Na mein Weck nadürlich ‚Luitschi. Ich zeich es dir morche. Dann komme alle in die Semmelstrass zu meinem Milchweck, so viel Leut hast du deim Lebtach nit gesehe!"

Gesagt, getan. Am nächsten Tag zur Mittagszeit, als die Semmelstrass voller Leute war, öffnete der Bäcker Karl sein Fenster und hielt sein blankes Hinterteil heraus. Es verbreitet sich wie ein Lauffeuer in der Stadt, was sich da in der Semmelstrasse gerade ereignete und eine große Menschenmenge stand vor dem Bäckerladen von Karl.

„Was soll denn des, Meester Karl? Was machst den du für Sache!" rief man aus der Menge.

„Na, des is mei Milchweck!" antwortete dieser *„und der gehört mir. Die anderen könnt ihr in meinem Bäckerladen kaufe und die sin genau so groß wie meiner!"*

Da stürmten alle in den Bäckerladen und ratz-fatz waren alle Milchweck ausverkauft. Seit dieser Zeit hatten die Milchweck vom Karl ihren Spitznamen *„Oarschkipf"* und die Semmelstrasse das Sprüchlein davon.

Aus dem Gassenreim und der darauffolgenden Geschichte der beiden Bäckermeister zeigt sich auch ein Wesen des Franken zu seinem Sprachgebrauch.
 Viele Nichtfranken ziehen pikiert die Augenbrauen hoch, wenn einem Franken höchst erfreulich ein: *„Leck mich am Oarsch ...!"* entfährt, wenn er sich mal über ein Ereignis freut. Ganz abgesehen davon, dass dieser mittelalterliche Spruch schon Maler wie Bruegel bei seinem Bild über die Versinnbildlichung von Sprichwörtern oder Goethe beim Götz von Berlichingen inspiriert hat, beim Franke erfährt dieser Ausspruch eine ganz andere Bedeutung.

Ein „Leck mich am Oarsch" vorangestellt kann Freude, Überraschung oder einfach nur ein Inruhelassen bedeuten. Auf jeden Fall bedeutet es keine Beleidigung im Sprachgebrauch der Franken untereinander. In diesem Spruch vereinigen sich Derbheit und Humor zu einer Einheit, an dem Bruegel und Goethe ihre Freude gehabt hätten. Hat nicht auch Goethe hessische Mundart gesprochen und war nicht auch Bruegel der Genremaler des bäuerlichen Alltags des ausgehenden Mittelalters? Ich wage die Behauptung dass in allen drei geschilderten Genresprüchen die gleiche Seele innewohnt – Derbheit und Humor!

Wenden wir uns nun der süßen Seite der Geschichte zu, der Zubereitung der Karthäuser Klöße. Gehen sie in einem Bäckerladen in der Nachbarschaft und kaufen sie ein paar Milchweck und vermeiden Sie den Ausspruch „Oarschkipf", denn der ist auch ein Schimpfwort in Würzburg. Diese lassen Sie in 2–3 Tagen altbacken werden.

Zutaten:

8	altbackene Milchweck
2	Eier, getrennt
50 g	Zucker
1 Prise	Salz
500 ml	Milch
	Etwas abgeriebene Zitronenschale, *(unbehandelt)*

Zubereitung:

1 Die Weck müssen hart, also richtig altbacken sein. Nur so tut man sich leicht, wenn man sie auf einer Reibe von der Kruste befreit. Ich breche den Weck auseinander, geht ganz leicht, und reiben die Kruste weg, geht auch ganz leicht.

2 Die Eier habe ich getrennt. Das Eiweiß habe ich in einer eisernen Schüssel 15 Minuten im Kühlschrank gekühlt und dann mit etwas Zucker, einen Teelöffel von der Menge, zum Eisschnee geschlagen. Das geht schnell, da die Masse vorgekühlt ist. Das klappt übrigens auch prima bei Schlagsahne. Die Sahne in einer eisernen Schüssel vorkühlen.

3 Die Masse Eigelb verführe ich mit der Milch, der Prise Salz, dem restlichen Zucker und der Zitronenschale langsam mit dem Handrührgerät so lange, bis der Zucker sich aufgelöst hat. In dieses Bad lege ich dann die hälftigem Brötchen und wende sie mit 2 Gabeln bis sie mit der süßen Wannenfüllung sich vollgesogen haben.
Dabei kommt mir der Gedanke, ach, wie gern wäre man da ein Brötchen! Sich in dieser köstlichen Mischung zu wälzen muss eine Wonne sein, man möchte sich am liebsten dazu legen!

4 Genug, der Wolllust! Raus mit den Brötchen und dann kommen sie in ein Haftbad – dem geschlagenen Eischnee. Nur kurz, da anschließend sie wieder ihr altes Kleid erhalten, die Semmelbrösel, in denen ich die Brötchen mit einem neuen Bröselkleid versehe.

5 In der Zwischenzeit habe ich in einer Pfanne Butterschmalz erhitzt, gerade so viel, dass meine Klöße sich zu gut einem Drittel darin backen lassen. Was für ein Duft sich dabei entfaltet!

6 Wenn sie goldbraun sind lasse ich sie mit einem Schaumlöffel gut abtropfen und dann wartet auch schon die Mischung aus Zimt und Zucker auf sie. Wie eine Sau in einer Kuhle lasse ich sie darin herumwälzen und mir dabei den süßen Duft von Zimt und Zucker um die Nase wehen.

Das Sprichwort *„Der Appetit kommt beim Essen"* wird in diesem Moment Realität. Da gerade keiner mir zuschaut werden ratz-fatz gleich mal zwei Klöße verschnabuliert. Dann aber gleich die anderen zu Tisch, wo eine weitere Köstlichkeit auf sie wartet: eine Weinschaumsoße.

~ Ende ~

Eigene Notizen:

Von Wolfgang Mainka gibt es außerdem:

Von Mäusen, Ratten und Priestern

Ein fantastischer Krimi
aus der Unterwelt des Würzburger Doms

ISBN 978-3-429-03778-9